La Parole est à la victime

Claude MARTIN

Éditions ART ET COMÉDIE
3, rue de Marivaux
75002 PARIS

NOTE SUR L'AUTEUR

Claude Martin fait partie du Pommier de Pépin, troupe des environs d'Orléans, depuis 1993. Sa première pièce, *L'air sans la chanson*, a été représentée en 2011. Elle a aussi écrit trois pièces courtes pour l'atelier-théâtre enfants qu'elle anime.

PERSONNAGES

MAX : Le mort, la quarantaine.

CATHERINE : Sa femme, un peu plus jeune.

JEAN-LOUP : Ami de Max, du même âge.

SYLVIE : Femme de Jean-Loup, beaucoup plus jeune.

DOMINIQUE : Amie de Max, du même âge.

CHARLIE : Ami de Max, du même âge.

KARINE : Femme de Charlie et amie de Max, du même âge.

BERNARD : Ami de Max, plus âgé.

MONIQUE : Femme de Bernard.

LE MÉDECIN et **LE POLICIER** : voix off.

DÉCOR

Salon confortable, simple mais meublé avec goût.
D'un côté, une porte donnant sur l'entrée.
De l'autre, une autre porte donnant sur la cuisine.
Au milieu, un canapé. A gauche de celui-ci, une petite table
style guéridon, des chaises ou des fauteuils. De l'autre côté du
canapé, un paravent et d'autres sièges. Le paravent est du côté
de la porte qui donne sur l'entrée mais un peu plus au fond de
la scène.
L'action se passe dans les années 90.

ACTE I

Tous les personnages, sauf Max, sont en scène, complètement immobiles. Catherine est assise dans le canapé, la tête dans ses mains.

MAX, *sortant de derrière le paravent.* – Bonjour, messieurs-dames. Je me présente : je m'appelle Max. Je vous suis très reconnaissant d'être venus. En des circonstances aussi pénibles, votre présence et vos condoléances muettes sont pour moi d'un grand réconfort. *(Il regarde le public puis, semblant comprendre...)* Ah non ! Ne vous fiez pas aux apparences, elles sont tellement trompeuses ! Toutes ces personnes inanimées sont bien vivantes. C'est moi qui suis mort ; moi qui suis le mort de cette histoire. *(Un temps.)* Oh ! je vous vois venir ! Je sais ce que vous êtes en train de penser : « Il parle beaucoup pour un mort. » Mais ça, c'est normal. Quand on est mort, on a plein de choses à raconter. *(Un temps.)* Ce n'est pas la peine de me chercher des ailes dans le dos, je ne suis pas un ange ; encore moins une auréole, je n'ai jamais été un saint. Et de toute façon, vous n'êtes pas ici dans un conte, une légende. Non, vous êtes dans une histoire banale d'hommes et de femmes ordinaires ; et c'est ça qui est intéressant. *(Silence.)* En fait, l'explication est très simple. Je suis un person-nage de théâtre et, fatalement, en mourant j'ai pris vie. Je suis devenu autonome et c'est pour ça que je ne suis pas abattu. Suivez mon raisonnement : a priori, quand il y a décès, celui qui a le plus à perdre, le plus de raisons d'être triste, c'est le premier concerné. Mais pour moi, c'est différent. J'ai pris mon envol, mon indépendance ; c'est génial ! *(Un temps pendant lequel Max sourit béatement. Puis il redevient sérieux.)* Il y a pourtant deux choses qui m'ennuient. La première, c'est que je ne sais pas pourquoi ni comment je suis passé de l'état d'homme en pleine santé à celui de cadavre. Après le repas, un bon repas, bien arrosé, avec mes amis ici présents, comme je me sentais un peu lourd, je me suis assis dans un fauteuil et me suis endormi. C'est une chose qui ne m'arrive jamais ! Toujours est-il que je me suis réveillé mort. La deuxième, c'est que je me sens un peu seul. Oh ! je sais ! Vous êtes là, vous ! Mais ce n'est pas pareil ; on se connaît à peine… tandis qu'eux… *(Un temps.)* Au milieu, sur le canapé, c'est Catherine, ma femme ; et les autres, ce sont mes amis. Celle qui est assise à côté de Catherine, c'est Dominique. Et puis il y a les trois couples : Monique et Bernard, derrière le canapé, Karine et Charlie, assis à la petite table, et enfin Jean-Loup et Sylvie. Ce sont de vrais amis, des amis de vingt ans, alors fatalement, de voir leur peine, ça me fait de la peine… *(Un temps. Max regarde les autres personnages. Au public.)* Ah ! au fait, j'oubliais de vous dire : mon cadavre est là, derrière ce paravent. *(Un temps.)* Vous savez, j'entends parfaitement ce que vous pensez : «Il aurait pu rester dans son corps, comme tout le monde. Ce serait tout de même plus correct. En tout cas, ça ferait moins désordre. » Je sais, je sais. Mais mettez-vous à ma place. Je viens de découvrir la liberté, alors j'en profite. Si j'étais resté dans ma carcasse, je me serais ennuyé… à mourir. Tandis que là, c'est plus… convivial. Je suis avec vous ; je discute avec vous, et… avec eux.

Il va s'asseoir à sa place : une chaise en devant de scène, sur le côté.

Les autres personnages s'animent. Certains marchent de long en large, d'autres sont anéantis. Ils attendent l'arrivée du docteur. Charlie et Jean-Loup sont assis. Bernard marche.

CHARLIE. – C'est pas vrai ! Mais c'est pas vrai !

JEAN-LOUP. – Et pourtant si, c'est vrai, mon pauvre vieux.

CHARLIE. – Mais bon dieu, tout à l'heure il pétait la forme, et là, plus rien…

MONIQUE, *en tapotant machinalement la main de Catherine.* – Bernard, arrête de marcher de long en large, je t'en prie ! C'est déjà assez dur pour tout le monde… Pense à Catherine.

BERNARD. – Excuse-moi mais je n'y peux rien. Je me demande comment vous pouvez rester là, inertes. Moi, ça me révolte. C'est tellement injuste…

JEAN-LOUP. – Parce que tu crois que nous, ça nous laisse froids ?! Arrête un peu, tu veux ! T'es pas tout seul à avoir de la peine. De toute façon, je ne vois pas ce que ça t'apporte de faire les cent pas comme ça.

BERNARD. – Eh bien, moi, ça me soulage, et tant que ça ne gêne pas Catherine… Catherine, est-ce que ça te gêne ? *(Catherine ne répond rien.)* Là… Tu vois ! *(Il repart.)*

KARINE. – Qu'est-ce que ça peut être, enfin ? Il avait l'air bien… Il s'était plaint de quelque chose, ces derniers temps ?

CATHERINE. – Non, au contraire. Il avait repris les footings et le tennis. Il se sentait rajeuni de dix ans, soi-disant, et il me disait de suivre son exemple, sinon il aurait l'impression d'être marié à une vieille.

Sylvie. – Comment pouvait-il dire ça, tu as cinq ans de moins que lui !

Karine. – Ça va ! Laisse tomber !

Monique. – L'explication est simple : overdose de sport. Le cœur aura lâché.

Karine. – Madame le docteur a parlé.

Monique. – Pourquoi dis-tu ça ?

Karine. – Mais parce que tu sais toujours tout mieux que tout le monde. En temps normal, c'est agaçant ; mais aujourd'hui, c'est insupportable.

Bernard. – Karine a raison, Monique. C'est insupportable et en plus c'est ridicule.

Monique. – Charmant ! Et pourquoi est-ce ridicule ?

Charlie. – Monique, quand le cœur lâche pour cause d'overdose de sport, comme tu dis, il le fait en plein effort, pas au milieu d'une sieste. Alors c'est le cœur ou autre chose. Le docteur le dira. Il n'y a qu'à attendre.

Dominique. – Attendre ! J'ai l'impression que ça fait un siècle qu'on attend. Qu'est-ce qu'il fait ? Il en met un temps !

Jean-Loup. – Ça fait seulement un quart d'heure qu'on l'a appelé. Laisse-le arriver. Tu sais bien qu'il a toute la sortie de la ville à traverser plus les cinq kilomètres pour venir jusqu'ici.

Court silence.

Catherine. – Je lui ai toujours dit que la maison était trop isolée, que s'il se passait quelque chose de grave… Il n'a jamais rien voulu entendre.

Coup de sonnette.

SYLVIE. – On a sonné. C'est lui !

Catherine va ouvrir. Tous les autres se regardent pendant quelques secondes puis...

CHARLIE. – Bon ! On y va ! Qu'est-ce qu'on attend ?

Ils vont tous, sauf Max, derrière le paravent.
Les répliques suivantes sont dites en voix off derrière le paravent.

CATHERINE. – Voilà, docteur, il est là.

DOCTEUR. – Écartez-vous un peu, s'il vous plaît. Pourriez-vous allumer la lampe ?... Merci !

Quelques secondes de silence.

MAX, *de sa place*. – On va enfin savoir. Moi non plus, je n'y crois pas trop à l'overdose de sport.

Encore quelques secondes de silence pendant lesquelles Max s'approche du paravent et écoute.

SYLVIE. – Alors docteur, qu'est-ce qu'il a eu ?

JEAN-LOUP. – Chut !

DOCTEUR. – Madame, il faut prévenir immédiatement la police.

CATHERINE. – Mais pourquoi, docteur ?

DOCTEUR. – Il ne s'agit pas d'une mort naturelle.

BERNARD. – Vous ne voulez tout de même pas dire que...

DOCTEUR. – Si. Il a été empoisonné. Je suis pratiquement sûr que l'autopsie le confirmera.

Silence. Max accuse le coup.

CHARLIE. – Mais c'est impossible, voyons ! C'est une intoxication alimentaire, ça ne peut pas être autre chose.

DOCTEUR. – Non. Je suis désolé. Il y a des signes qui ne trompent pas. *(Sa voix baisse de plus en plus jusqu'à disparaître.)* Par exemple, vous voyez, là…

En même temps qu'il commence à parler, Max se dirige d'abord vers le public puis vers sa place.

MAX. – Empoisonné !… J'ai été empoisonné !… C'est pas vrai !… *(Silence.)* Vous vous rendez compte de ce que ça signifie ?… Il n'y avait que nous, ici… Personne d'autre n'est venu de la journée… Ça veut dire que j'ai été assassiné par un de mes meilleurs amis… Quelle horreur !

Il se laisse tomber sur son siège. Les voix reprennent derrière le paravent.

DOCTEUR. – Voilà ! Je dois vous laisser. J'ai une autre urgence… enfin une autre… j'ai une urgence. Ne touchez à rien avant l'arrivée de la police. Au revoir et… bon courage !

CATHERINE. – Je vous raccompagne, docteur.

DOMINIQUE. – Et moi, je vais appeler les flics.

Retour des personnages vivants, sauf Catherine et Dominique. Ils gardent le silence quelques instants, hébétés.

BERNARD. – Incroyable ! C'est incroyable !

CHARLIE. – C'est tout ce que tu trouves à dire ? C'est monstrueux, oui ! On est en plein cauchemar.

Entrée de Catherine.

KARINE. – Empoisonné! Tu l'as vue, Monique, ton overdose de sport! Overdose de connerie, oui!

MONIQUE. – Mais tu es folle! Qu'est-ce qui te prend?

CHARLIE. – Oui, Karine, calme-toi. Ça ne sert à rien de te mettre dans des états pareils. Ça ne le fera pas revenir.

Entrée de Dominique. Elle regarde les autres, douloureusement.

JEAN-LOUP – Tu devrais t'asseoir.

DOMINIQUE – Max a été assassiné, et il n'y avait que nous ici. Vous voyez ce que ça signifie?!

CHARLIE – C'est vrai ça!… Bon Dieu!

Un long temps pendant lequel Sylvie regarde les autres d'un air inquisiteur.

KARINE. – Mais qu'est-ce que tu as à nous regarder comme ça?

SYLVIE. – J'essaie de deviner qui d'entre vous a pu le faire.

KARINE. – Mais c'est épouvantable! Comment peux-tu…?

SYLVIE. – Ce qui est épouvantable, c'est que Max soit mort… et empoisonné par l'un d'entre vous.

KARINE – Arrête, tu es immonde!

BERNARD. – C'est pourtant vrai que Max ne peut avoir été tué que par l'un d'entre nous. Mais ce qui est un peu gros, c'est ta façon de te défiler en disant « vous ».

SYLVIE. – Je ne me défile pas. Je sais que ça n'est pas moi, c'est tout.

KARINE. – C'est stupide. Moi aussi, je sais que ça n'est pas moi. Chacun de nous peut en dire autant.

JEAN-LOUP. – Oui, mais si chacun de nous le dit, il y en a un qui ment.

CHARLIE. – Un ou plusieurs. Qui te dit qu'il n'y a qu'un seul coupable ?

MONIQUE. – Soupçonne tout le monde pendant que tu y es !

CHARLIE. – Et pourquoi pas ?

CATHERINE. – Vous n'avez pas fini ? Max est mort. Votre attitude est vraiment… indécente.

DOMINIQUE. – Tu as raison. Excuse-nous… Mais il y a tout de même bien quelqu'un qui a mis du poison dans son verre ou dans son assiette.

JEAN-LOUP. – Et si nous essayions de passer en revue tout ce que nous avons fait, et surtout ce qu'a fait Max, depuis ce matin ? Ça nous donnerait peut-être une piste.

KARINE. – Tu ne crois pas que c'est le travail de la police, non ?

MONIQUE. – Tu fais confiance à la police, toi ?! C'est nouveau ça.

KARINE. – J'ai simplement peur des dérapages.

MONIQUE. – Et quels dérapages veux-tu qu'il y ait ?

KARINE. – Mais tout le monde va soupçonner tout le monde !

JEAN-LOUP. – C'est déjà le cas, non ?

KARINE. – Et puis faites comme vous voulez ! Après tout, je n'ai rien à cacher.

DOMINIQUE. – Le problème qui se pose c'est de savoir qui va mener les débats. Dans une enquête, il faut un inspecteur.

BERNARD. – Je pense que je suis tout désigné ; je suis le plus âgé.

CHARLIE. – L'âge n'a rien à voir là-dedans.

KARINE. – Exactement. D'autre part, pour mener une enquête, il faut être perspicace ; ce qui n'est pas ton cas.

BERNARD. – Et qu'est-ce que tu connais, toi, s'il te plaît, de ma perspicacité ?

KARINE. – De ta perspicacité, rien. Mais comme tu n'as pas un atome de psychologie…

BERNARD. – Ça, c'est la meilleure ! Et toi, tu es mieux que moi, sans doute ?

SYLVIE. – Il faut reconnaître que Karine avait raison, tout à l'heure ! L'interrogatoire n'est même pas commencé que ça fait déjà des histoires.

CATHERINE. – C'est vrai. Tout ça est très déplacé. Si vous voulez jouer aux détectives, faites-le ; mais essayez de garder un minimum de dignité, s'il vous plaît.

CHARLIE. – Le mieux, pour éviter les désaccords, c'est que tout le monde pose des questions et c'est tout… Sans compter que la mort de Max n'est peut-être pas le seul problème à résoudre.

KARINE. – Qu'est-ce que tu veux dire ?

CHARLIE. – Il n'y en a pas un de vous qui a pensé que l'empoisonneur…

BERNARD, *le coupant.* – Ou l'empoisonneuse.

CHARLIE. – Oui, ou l'empoisonneuse, pourrait recommencer avec quelqu'un d'autre ?

MONIQUE. – Mais tu es fou !

CHARLIE. – On n'a aucune idée de la raison pour laquelle l'un de nous l'a assassiné. Et si ce n'était pas un règlement de compte personnel, mais une vengeance collective ?

BERNARD. – C'est absurde ! Complètement illogique ! Qui pourrait…

CHARLIE, *le coupant.* – Ah ! parce que le fait qu'on ait tué Max, pour toi c'est logique !

Un temps.

SYLVIE. – C'est affreux ! Nous allons tous y passer, comme dans les « Dix petits nègres » ! Jean-Loup, j'ai peur !

JEAN-LOUP. – Sylvie, calme-toi, tu veux ? Ce n'est pas le moment de faire ton cinéma.

KARINE. – Elle fait ce qu'elle sait faire. Elle n'a jamais été bonne à autre chose.

SYLVIE. – Oh ! mais dis donc ! Pour qui tu te prends pour porter des jugements sur les autres ? Tu es parfaite, sans doute, toi ?

CHARLIE. – Oh non ! Elle n'est pas parfaite, loin de là !

MONIQUE. – On s'éloigne du sujet, vous ne croyez pas ? Il était question de savoir qui s'était retrouvé en tête à tête avec Max à un moment ou à un autre.

Jean-Loup. – D'accord ! Et on interroge qui en premier ?

Charlie. – Eh bien, ta femme, par exemple.

Jean-Loup. – Et pourquoi elle d'abord, et pas la tienne ?

Monique. – Mais parce qu'il faut bien commencer par quelqu'un… Allez, va pour Sylvie ! *(Elle s'approche de Sylvie.)* Quand as-tu été seule avec Max pour la dernière fois ?

Sylvie. – Après le dessert. Nous nous sommes retrouvés tous les deux à la cuisine pour faire le café.

Monique. – Pour faire le café ? Très intéressant ça !

Sylvie. – Et pourquoi ça, s'il te plaît ?

Monique. – Tu as très bien pu lui verser le poison dans sa tasse avant qu'il ne boive.

Sylvie. – Mais il n'a pas bu son café à ce moment-là. Nous l'avons pris tous ensemble dans la salle à manger.

Max. – Ah ! ça, c'est faux, par exemple ! Nous avons pris le café tous les deux, dans la cuisine. D'ailleurs, puisque j'ai commencé à vous faire des confidences, je vais vous raconter ce qui s'est exactement passé.

La lumière baisse légèrement.
Tous les personnages sont figés, sauf Sylvie et Max. Il la poursuit autour du guéridon.

Sylvie. – Mais arrête, tu es fou !

Max. – C'est tout à fait ça. Je suis fou. Fou de tes seins, de ta bouche, de tout… Fou de toi, quoi.

Sylvie. – Enfin, qu'est-ce qui te prend ?

MAX. – Il me prend l'envie de me passer mes envies. Et cette envie-là, je l'ai depuis le début, depuis que Jean-Loup t'a présentée à nous comme sa future femme.

SYLVIE. – Depuis cinq ans ! Mais tu n'as rien dit, rien fait, jusqu'à présent.

MAX. – Parce que Jean-Loup était mon ami. Je ne touche pas à la femme d'un ami. Admirable, non ?

SYLVIE. – Et aujourd'hui, Jean-Loup n'est plus ton ami ?

MAX. – Si. Mais on ne peut pas être admirable toute sa vie. C'est lassant. Et puis quoi ! Juste une petite entorse au règlement du mariage pour toi, de l'amitié pour moi ; ce n'est pas la fin du monde.

SYLVIE. – Tu devrais avoir honte.

MAX, *en recommençant à la poursuivre.* – Mais j'ai honte ! Je crève de honte. J'en suis tout triste. Je t'en prie, console-moi ! *(Il l'embrasse dans le cou.)*

SYLVIE. – Ne recommence pas ! C'est mal.

MAX. – Bien sûr que c'est mal ! Et ça n'en est que meilleur ! Ose dire que tu n'en as pas envie, toi aussi.

SYLVIE. – Mais si Jean-Loup l'apprend, tu imagines ?

MAX. – Comment veux-tu qu'il l'apprenne ? Ce n'est pas toi qui vas lui dire, ni moi. Alors !

SYLVIE. – De toute façon, les autres attendent le café. S'ils ne nous voient pas revenir, ils vont se poser des questions.

MAX. – Sûrement pas ! Ils ne sont pas en état. Ils ont tous trop mangé et trop bu. Laissons-les digérer tranquilles et prenons notre petit café tous les deux, en amoureux.

SYLVIE. – En amoureux, non. *(Elle mime le geste de quelqu'un qui sert le café.)* En tête à tête, si tu veux. Mais sois sage.

MAX. – Non, je ne veux pas être sage. Et toi non plus, au fond, tu ne veux pas que je le sois ; j'en suis sûr… Allez ! Trinquons à l'évolution de nos relations. *(Il mime le geste de prendre les tasses mais Sylvie le devance et lui tend la sienne. Ils font mine de trinquer et puis de boire.)* Et maintenant, reprenons notre conversation où nous l'avions laissée.

Retour de la lumière normale. Sylvie reprend sa place. Max vient en devant de scène.

MAX, *au public*. – Voilà !… *(Un temps.)* Vous avez l'air déçu. Vous m'en voulez ?… Je vois. Jean-Loup est mon ami, et je drague sa femme… Mais c'est ça le problème. Tous les deux, nous avons les mêmes goûts. C'est pour ça qu'on s'entend bien, pour ça qu'on a sympathisé à l'université. Lui, Charlie, Karine, Dominique et moi. C'est vrai, je ne vous ai pas dit. Nous nous sommes connus tous les cinq en première année de fac de lettres classiques. Il y a plus de vingt ans. Et Bernard était notre prof de grec. C'était en mai, sur les barricades. Oui, en 68. La grande aventure et le grand frisson pour nous tous : les pavés, les camarades, les soirées, les nuits parfois, à casser du sucre sur le dos du gouvernement et des CRS. La belle époque. Ah ! ce sont des évènements qui marquent et qui rapprochent ! *(Un temps. Il regarde le public.)* Oui, je sais, ce n'est pas joli de trahir une amitié comme celle-là. Mais après tout, le premier à avoir trahi, c'est lui, Jean-Loup. Il a abandonné le latin, le grec et la littérature pour entrer dans l'entreprise de son père ; pour devenir un fils à papa et se préparer dignement à prendre sa suite. Et il y a cinq ans, il a épousé sa secrétaire… par commodité… oui, c'est ça, par commodité. Alors pourquoi aurais-je des scrupules, hein ? Je vous le demande… Surtout qu'il ne s'est rien passé. Rien du tout. Juste au moment où elle allait se laisser faire, Dominique est arrivée pour réclamer le café. Elle n'a rien vu, mais elle nous a empêchés d'aller plus loin. Alors, cessez de me juger et regardons la suite de l'enquête. *(Il retourne à sa place.)*

MONIQUE. – Et alors ? Même si vous avez bu avec tout le monde, qu'est-ce qui t'empêchait de verser le poison dans sa tasse quand vous étiez seuls ?

SYLVIE. – Pour courir le risque d'empoisonner quelqu'un d'autre ? Toutes les tasses sont identiques.

JEAN-LOUP. – Très juste. Mais la première chose à faire dans une enquête, c'est de chercher le mobile. Quelles raisons aurait eu Sylvie de vouloir tuer Max ?

BERNARD. – A priori aucune, c'est vrai. Mais c'est le cas pour chacun d'entre nous. Et pourtant quelqu'un l'a fait.

MONIQUE. – Qui d'autre s'est retrouvé seul avec Max ? À part Catherine, avant notre arrivée, bien sûr.

BERNARD. – Qui de Karine, Dominique ou toi, Monique ?

KARINE. – Alors là, on vient de faire un grand pas dans la résolution de l'énigme ! Les hommes sont visiblement et arbitrairement mis hors de cause.

BERNARD. – Bien sûr ! L'empoisonnement est un crime de femme.

DOMINIQUE. – Voilà un argument de choc. Tu as trouvé ça tout seul ?

BERNARD. – Tout le monde le sait. Jusqu'à preuve du contraire, la Poison et la Brinvilliers n'étaient pas des hommes.

DOMINIQUE. – Et César Borgia ? Et Néron ? C'était quoi exactement ?

KARINE. – De toute façon, si ce n'est pas un crime d'homme, ça signifie que chacun de vous trois a pu le commettre.

CHARLIE. – Insulter les gens n'a jamais été un argument.

KARINE. – Ce n'est pas une insulte, c'est la vérité. Toutes les femmes qui sont dans cette pièce en ont plus que vous dans le pantalon.

JEAN-LOUP. – Parce que toi, tu t'y connais en hommes ?

CHARLIE. – Eh oui, hélas !… Disons qu'elle a des éléments de comparaison.

KARINE. – Qu'est-ce que tu insinues ?

CHARLIE. – Rien. Ce n'est pas le moment.

KARINE. – Ben voyons ! Tu ne crois tout de même pas que tu vas t'en tirer comme ça ? Allez, déballe tes outils !

CHARLIE. – Ça ne se fait pas de dire du mal d'un mort.

KARINE. – Parce que c'est Max ton élément de comparaison ? Tu perds la tête. Une histoire qui date de vingt ans, d'avant notre mariage.

JEAN-LOUP. – Sans compter que tout le monde est au courant de votre histoire à la « Jules et Jim ».

CHARLIE. – Sauf qu'elle a eu une suite, l'histoire. Tu sais, une sorte de « Jules et Jim 2 ».

KARINE. – Tu es fou !

CHARLIE. – Je suis peut-être fou, mais je ne suis pas aveugle.

KARINE. – Ce qui veut dire ?

CHARLIE. – Ce qui veut dire que je sais tout.

KARINE. – Ça c'est ce qu'on dit quand on ne sait rien ou quand on se fait un film.

CHARLIE. – Mais bien sûr ! Et je peux même vous le résumer le film… quoique certains d'entre vous le connaissent peut-être déjà. L'action de la première séquence se déroule en 1976, donc deux ans après mon mariage.

KARINE. – C'est aussi le mien, même si ça n'est pas une affaire. Alors dis « notre » mariage, si ça ne te dérange pas trop.

CHARLIE. – Tu aurais pu y penser avant, que c'était aussi le tien. Tu te serais peut-être sentie un peu plus concernée !… Bref, ce jour-là, un garçon de troisième a fait le mur, en plein milieu de l'après-midi. Pendant que le principal essayait de contacter les parents, mon collègue et moi on a ratissé le quartier pour essayer de lui mettre la main dessus. *(Montrant Karine.)* Et c'est en traversant le parc que je les ai vus… Croyez-moi, il était très clair qu'ils ne travaillaient pas sur les nouveaux programmes du lycée… À ma connaissance, on n'étudie pas de roman érotique, et il n'y a pas encore de TP en français.

Ils se figent.

MAX. – Là, je suis obligé d'intervenir pour préciser certaines choses avant que vous ne me preniez vraiment pour un salaud. Tout à l'heure, Jean-Loup a parlé de « Jules et Jim », le célèbre film de Truffaut, avec Jeanne Moreau. Oui, vous savez bien : « Le tourbillon de la vie ». *(Il fredonne.)* « On s'est connu, on s'est reconnu, on s'est perdu d' vue, on s'est r'perdu d' vue… » Eh bien, c'est un peu notre histoire à Karine, Charlie et moi.

On était tous les deux amoureux d'elle et elle allait de l'un à l'autre, sans réussir à se décider. Ça a duré comme ça pendant toutes nos études. Finalement, elle a choisi Charlie. Ça a été très dur pour moi, mais dans mon malheur, j'ai eu de la chance : j'ai été nommé dans le plus grand lycée de la ville et c'est là que j'ai connu Catherine. Elle était belle, intelligente ; j'ai fondu. Je l'ai laissée préparer son bac sereinement et surtout j'ai attendu qu'elle soit majeure et puis je l'ai draguée. J'ai une conscience, tout de même. Elle éprouvait visiblement les mêmes sentiments que moi. Et depuis, nous sommes très heureux… Enfin, nous étions… .

BERNARD. – Tu prétends que Max aurait eu cette aventure avec Karine en 76 ? Il n'était pas marié, certes, mais il connaissait déjà Catherine.

CHARLIE. – Et tu crois que c'était un problème pour lui ? Tu es le plus vieux d'entre nous mais tu es d'une naïveté !…

JEAN-LOUP. – Désarmante.

BERNARD. – Parce que vous, vous étiez au courant ?

JEAN-LOUP. – Karine et Catherine sont deux affaires que Max a toujours menées de front. Ça vient peut-être de la ressemblance entre les prénoms.

MAX, *s'adressant à ses amis qui, bien sûr, ne l'entendent pas*. – Mais vous ne comprenez pas ! C'est dur de renoncer à une partie de sa vie. Et surtout, je ne voulais pas faire de mal à Karine. Alors, c'est vrai qu'on a remis le couvert… à plusieurs reprises.

DOMINIQUE. – Et vous évoquez ça tout naturellement, comme deux anciens combattants qui se racontent leur guerre. Seulement voilà, en présence de Catherine et après le décès de Max, c'est de très mauvais goût.

CATHERINE. – Ne te fatigue pas. J'étais au courant.

DOMINIQUE. – Mon dieu!… Mais quand et comment l'as-tu…

CATHERINE. – … su?… Tout de suite. Je les ai surpris dans un café. Enfin, je dis que je les ai surpris, mais la plus surprise, c'était moi. Eux étaient plutôt ennuyés, comme fatigués par avance d'avoir à se creuser la tête pour trouver des excuses qui tiennent la route. Karine a dit…

KARINE, *figée*. – Bon, ben moi, je vous laisse.

CATHERINE. – Et elle s'est débinée.

KARINE. – C'était normal que je vous laisse tous les deux.

MONIQUE. – Ta délicatesse t'honore.

CATHERINE. – Quant à Max, il s'est lancé dans de grandes explications, toutes aussi vaseuses les unes que les autres ; la principale étant que c'était Karine qui s'était jetée sur lui.

KARINE. – Quel culot !

CATHERINE. – Et qu'il lui avait cédé en souvenir de son amour passé pour elle, et parce qu'il ne voulait pas lui briser le cœur.

KARINE. – L'enflure !

BERNARD. – Karine ! Tu parles d'un mort.

KARINE. – Alors ça ! Si je m'en fous ! Ce type mentait comme un arracheur de dents. C'est lui qui n'a pas voulu de moi à la fin de notre relation à trois. Moi, je l'aimais, mais lui s'amusait avec moi. Il n'a pas cherché à savoir à l'époque s'il me brisait le cœur. Il m'a balancée comme un colis postal. Alors, j'ai pris Charlie par défaut. Et on s'est mariés dans la foulée.

CHARLIE. – C'est ce qu'on appelle un mariage d'amour !

KARINE. – Mais curieusement, dès que j'ai été mariée, je suis redevenue intéressante à ses yeux. Il faut croire que l'adultère aiguise son appétit. Il m'a fait un rentre-dedans pas possible, et comme j'avais encore des sentiments pour lui, j'ai cédé.

DOMINIQUE. – Et ça a duré combien de temps cette histoire ?

KARINE. – C'est simple : ça a commencé six mois après notre mariage…

CHARLIE. – Six mois après ? C'est encore pire que ce que je pensais !

KARINE. – Et ça s'est terminé… excuse-moi, Catherine… tout à l'heure, avec sa mort.

BERNARD. – Eh bien, ça alors !

CHARLIE. – « Excuse-moi, Catherine » ! Et à moi, pourquoi n'en présentes-tu pas des excuses ?

KARINE. – Et ça changera quoi, tu peux me le dire ? Au point où on en est !

CHARLIE. – Tout de même, tu pourrais.

KARINE. – Je te demande pardon. Là, ça te va ? Comme ça, jusqu'ici on était ridicules ; maintenant on est franchement pathétiques.

Un temps.

MAX, *avançant vers les autres personnages qui ne l'entendent toujours pas.* – Moi aussi, je vous demande pardon. *(Au public.)* Ainsi qu'à vous, bien sûr. Je reconnais que j'ai un peu déformé la vérité. Mais c'est parce que je ne suis pas très fier de moi… *(Il marche vers sa place, s'arrête.)* Non, pas très fier. *(Il regagne sa place.)*

DOMINIQUE. – Bon ! Puisque personne ne se décide, je vais m'y coller. C'est sûr que la situation est très pénible, mais il y a eu meurtre. Et, il faut bien le reconnaître, Catherine et Charlie, cela vous fait un sacré mobile.

CHARLIE. – Ah oui ! Et pourquoi aujourd'hui ? Nous sommes au courant depuis plus de dix ans. Je sais que la vengeance est un plat qui se mange froid mais tout de même…

CATHERINE. – C'est vrai, Dominique. Et puis on ne tue pas un homme comme Max parce qu'il vous trompe. J'ai tout de suite su qu'il était incapable d'être fidèle. Comment dire ?… Il le portait sur lui, un peu comme un sous-titre : « Si tu me prends, tu acceptes mes infidélités. » Je l'aimais, j'ai tout pris.

Un temps.

MONIQUE. – Retour à la case départ. Nous ne sommes pas plus avancés. Il faut reprendre l'enquête. Qui s'est retrouvé, à un moment ou à un autre seul avec Max ?

CATHERINE. – Et si ce n'était pas Max qui était visé ?

BERNARD. – Que veux-tu dire ?

CATHERINE. – Qu'est-ce qui nous prouve que c'était bien lui la cible ? Après tout, il a très bien pu boire ou manger quelque chose qui ne lui était pas destiné.

MONIQUE. – C'est vrai que depuis tout à l'heure, nous ne trouvons pas d'explication à sa mort. C'est peut-être parce qu'il n'y en a pas.

Max. – Ah ! ça non ! Pas question ! Je refuse absolument d'avoir été empoisonné à la place d'un autre. C'est déjà assez difficile d'accepter d'être mort… mais, par erreur, alors là, c'est insupportable !

Karine. – Non, ce n'est pas possible. Notre seule certitude c'est que Max est mort. Si on commence à douter des intentions de son assassin, ça va être le grand n'importe quoi. Déjà qu'on commence à tous se soupçonner…

Max. – Merci Karine !

Jean-Loup. – Finalement, c'est pas si facile d'être flic.

Catherine. – À ce propos, comment se fait-il que la police ne soit pas encore là ?

Dominique. – Elle ne risque pas d'arriver, je ne l'ai pas encore appelée.

Catherine. – Et pourquoi cela, s'il te plaît ?

Dominique. – J'ai pensé qu'il serait bon de… défricher… avant.

Sylvie. – Tu plaisantes ! Il y a eu meurtre, tout de même !

Jean-Loup. – Sylvie a raison. On sait tous que tu ne portes pas les flics dans ton cœur. Personne ici ne les aime beaucoup. Mais là, c'est trop grave. Il va bien falloir les appeler.

Dominique. – Je voulais juste aseptiser un peu. Vous imaginez la scène entre Karine et Charlie devant des étrangers ?

Sylvie. – C'est leur boulot. Ils doivent en voir d'autres.

Dominique. – Peut-être… Sans doute… Mais là, il s'agit de nous, de notre vie intime.

MONIQUE. – Arrête de jouer les grandes prêtresses ! Tu n'as pas été élue pour sauvegarder la cohésion du groupe, même si c'est une mission dont tu t'es toujours sentie investie.

DOMINIQUE. – Qu'est-ce que tu racontes ?

BERNARD. – C'est vrai ça ! Qu'est-ce qui te prend ?

MONIQUE. – Ne me dites pas que je suis la seule que ça agace ! Dominique, sainte Dominique, toujours là pour arrondir les angles, toujours prête à trouver des excuses à tout le monde pour éviter les conflits.

KARINE. – Bien sûr que tu n'es pas la seule ! Moi aussi, ça m'exaspère. Mais que veux-tu, il faut que la bande reste soudée. Imagine une seconde si elle se désagrégeait… Qui resterait toute seule ?

DOMINIQUE. – C'est ridicule.

CHARLIE. – J'allais le dire. Nous savons tous ici que Dominique est un modèle de dévouement. Elle donnerait sa chemise pour nous.

KARINE. – Oui, c'est bien ce que je dis. Comme elle n'a jamais pu trouver l'amour et fonder une famille, elle compense avec l'amitié, c'est tout.

DOMINIQUE. – T'es vraiment une garce !

CHARLIE. – C'est seulement aujourd'hui que tu t'en aperçois ?

KARINE. – Je suis une garce parce que je dis clairement ce que tout le monde pense. Et puis d'ailleurs, si je ne m'abuse, tu es restée un moment seule avec Max dans la cuisine.

MONIQUE. – Pour surveiller la cuisson du gratin.

JEAN-LOUP. – Décidément, vous êtes deux vipères.

KARINE. – Parce que nous sommes des femmes. Nous ne sommes pas entre deux eaux, comme Dominique.

CHARLIE. – Karine, ça suffit !

MONIQUE. – Il n'empêche que Dominique a pu, sans que nous la voyions, s'arranger pour empoisonner Max.

BERNARD. – Enfin elle n'avait aucune raison de le faire !

MONIQUE. – Et qu'est-ce que tu en sais ?

BERNARD. – Elle est si droite, si…

KARINE, *le coupant*. – … parfaite, c'est ça ? On ne t'a jamais appris à te méfier de l'eau qui dort ?

CATHERINE. – Arrête, Karine ! Ce n'est pas le moment de régler tes comptes.

KARINE. – Je ne règle pas mes comptes, je constate. Dominique a eu la possibilité de tuer Max.

CATHERINE. – Mais pourquoi l'aurait-elle fait ? Elle n'a pas de mobile.

KARINE. – Et moi je dis que si. Les frustrées comme elle passent souvent à l'acte.

DOMINIQUE. – Les frustrées ? Non, mais tu délires ! Pourquoi serais-je frustrée ?

KARINE. – Mais parce que tu n'as jamais pu avoir Max, par exemple.

DOMINIQUE. – Non, en effet, je n'ai jamais eu d'aventure avec lui ; et je suis peut-être la seule ici dans ce cas.

BERNARD. – N'exagère pas non plus. Tu n'es pas la seule.

JEAN-LOUP. – C'est vrai, tu pousses un peu.

KARINE. – On en reparlera plus tard. Pour l'instant, ce n'est pas le sujet. Le sujet, c'est Dominique qui n'a jamais digéré d'être repoussée par Max.

DOMINIQUE. – Ma pauvre fille ! Tu ne sais vraiment pas quoi inventer pour faire oublier que tu es celle par qui le scandale arrive.

KARINE. – Ah ! parce que tu n'as pas essayé, toi, peut-être !

DOMINIQUE. – Sûrement pas, non ! Pourtant, si j'avais voulu… Désolée, Catherine, mais c'est vrai qu'il m'a draguée. Seulement voilà, moi, je ne pique pas les mecs des copines.

MAX, *à Dominique*. – Ça, c'est ce que tu prétends ! Pourquoi ne leur donnes-tu pas la vraie raison ? *(Au public.)* Vous aimeriez que je vous raconte ce qu'on s'est vraiment dit, Dominique et moi, devant le four ? Eh bien, allons-y ! Je ne peux rien vous refuser.

> *La lumière baisse légèrement. Dominique et Max s'écartent des autres.*

DOMINIQUE. – C'est bon de savoir qu'il y a des choses qui ne changent pas.

MAX. – Comme… ?

DOMINIQUE. – Comme ta passion pour le gratin, par exemple.

MAX. – Le mot « passion » est peut-être un peu fort, non ?

DOMINIQUE. – Sûrement pas. Je dirais même que c'est le mot qui te résume le mieux. Tu es passionné dans tout ce que tu fais.

MAX. – Et principalement dans mes rapports avec les femmes, c'est ça?

DOMINIQUE. – Disons que c'est dans ce domaine que ta… fougue se manifeste le plus.

Un temps.

MAX. – Pourquoi as-tu toujours refusé?

DOMINIQUE. – Ne remets pas ça sur le tapis. Tu avais déjà Catherine et Karine à temps plein. Tu n'étais pas en manque de chaleur humaine.

MAX. – Non, bien sûr; mais tu ne réponds pas à ma question. Pourquoi m'as-tu repoussé?

DOMINIQUE. – Ma parole, ça t'a vraiment affecté! J'aurais donc été la mauvaise herbe dans ton champ, le grain de sable qui t'a empêché de tourner à plein régime? Quelle responsabilité! Tu n'as tout de même pas l'intention de me faire culpabiliser si longtemps après?

MAX. – Arrête de plaisanter. Je voudrais juste savoir. Qu'est-ce que j'ai raté? En quoi m'y suis-je mal pris? Dis-moi!

DOMINIQUE. – C'est incroyable! Tu es incapable d'admettre que tu puisses ne pas inspirer le désir. Tu préfères penser que tu as été maladroit, plutôt que d'accepter l'idée qu'on ne succombe pas à ton charme.

MAX. – Alors c'est la seule raison? Je ne te plaisais pas?

DOMINIQUE. – Disons que tu me suffisais en tant qu'ami, mais ce n'est pas toi qui me faisais fantasmer.

MAX. – Alors c'était qui?

DOMINIQUE. – Qui quoi ?

MAX. – Celui qui te faisait fantasmer. Tu en as trop dit.

DOMINIQUE. – Ça ne te regarde pas.

MAX. – Et tu te prétends mon amie. Moi, je n'ai pas de secrets pour toi.

DOMINIQUE. – Tu parles !

MAX. – C'est vrai. Tu sais tout de ma vie amoureuse et voilà que je découvre que tu me fais des cachotteries. Allez, raconte ! C'est qui, ce type ? Je le connais ?

DOMINIQUE. – Si je te le dis, tout le monde va le savoir.

MAX. – Enfin pour qui me prends-tu ?… Je serai une tombe. *(Au public.)* Je ne croyais pas si bien dire. *(À Dominique.)* Alors ?

DOMINIQUE. – C'est… Tu vas te foutre de moi.

MAX. – Je te jure que non.

DOMINIQUE. – C'est… C'est Karine.

Temps.

MAX. – Tu plaisantes !

DOMINIQUE. – J'en ai l'air ?

Temps.

MAX. – Et elle aussi, elle… ?

DOMINIQUE. – Elle ? Tout ce qu'elle voyait c'est qu'elle brisait un tabou, qu'elle piétinait cette bonne vieille morale judéo-chrétienne qu'elle exécrait. Quand elle faisait l'amour avec moi, c'était un acte militant.

MAX. – Alors ça !… *(Un temps pendant lequel il réfléchit.)* Mais… ça veut dire qu'elle me trompait !

DOMINIQUE. – Eh oui ! Incroyable, hein ?… Je t'ai repoussé et en plus, je me tapais ta nana… Fais pas cette tête, c'est toi qu'elle aimait, pas moi, alors tu es vengé… Le gratin est prêt, non ?

MAX. – Euh… oui. J'arrête le four. Tu vas prévenir Catherine ?!

DOMINIQUE. – Ça reste entre nous, naturellement.

MAX. – Naturellement.

Dominique rejoint les autres. Retour de la lumière normale.

MAX, *au public*. – Il paraît qu'on revoit toute sa vie avant de mourir. Moi, j'ai plutôt fait des découvertes. *(Un temps.)* Je ne sais pas si elle avait encore des sentiments pour Karine mais, vu ce qui vient de se passer entre elles, ils ont dû partir en fumée. *(Un temps.)* En tout cas, une chose est sûre : maintenant vous savez, comme moi, que Dominique avait un mobile : la jalousie.

CATHERINE. – Tu n'as pas à être désolée. Tu n'étais pas responsable du… tempérament de Max. Et je sais parfaitement qu'il n'y a rien eu entre lui et toi.

KARINE. – Et comment peux-tu en être si sûre ?

CATHERINE. – Ça s'appelle l'expérience. J'ai, enfin j'avais, pas mal d'années de pratique du personnage. Je savais de façon sûre quand il désirait une femme, puis quand il l'avait eue. Son regard n'était plus le même. Il est évident qu'il s'est toujours cassé les dents sur Dominique, ce qui l'agaçait passablement.

MONIQUE. – Bon ! Puisqu'elle se retrouve sans mobile, passons à quelqu'un d'autre… Charlie et Jean-Loup ! Vous êtes restés tous les trois, après le digestif, pendant que nous sommes allés marcher.

JEAN-LOUP. – On n'était plus en état de faire quoi que ce soit.

MONIQUE. – C'est ce que vous avez déclaré ; mais, qui sait, un de vous était peut-être moins ivre qu'il ne le prétendait.

CHARLIE. – Et après ? Ne pas aimer les promenades digestives ne fait pas de nous des assassins pour autant.

MONIQUE. – Non, bien sûr, mais ça vous a fourni une occasion inespérée de vous retrouver seuls avec Max.

JEAN-LOUP. – Comme si ça ne nous était jamais arrivé de rester seuls tous les trois ! Tu dis vraiment n'importe quoi.

CHARLIE. – C'est vrai !… Ça te monte à la tête de jouer les inspecteurs.

MONIQUE. – Dans ce cas, racontez-nous ce qui s'est passé en notre absence.

JEAN-LOUP. – Si tu veux. On n'a rien à cacher.

CHARLIE. – Mais tu vas être déçue. Il n'y a rien eu qui soit susceptible de faire avancer ton enquête.

MONIQUE. – Qui sait !

La lumière baisse légèrement.
Jean-Loup et Charlie vont s'asseoir sur le canapé. Max les rejoint. Ils sont un peu éméchés, mais pas trop.

CHARLIE. – Les mecs, je vais vous dire un truc : j'ai beaucoup trop bu. *(Il rit et les deux autres rient aussi.)*

Jean-Loup. – Ben mon pote, t'es pas tout seul ! Là, faudrait m'payer très cher pour que j'me lève.

Charlie. – Et puis leur incontournable promenade digestive, même sous la menace, j'la ferai pas. Surtout avec l'orage qui se pointe. S'ils se magnent pas, ils vont être trempés.

Jean-Loup. – Tu dis rien, Max. T'es plus en état d'parler ?

Max. – Vous rigolez ! Moi, j'tiens l'alcool. J'suis pas une petite nature comme vous.

Charlie. – On n'aurait p't-être pas dû mélanger les digeos.

Jean-Loup. – Surtout avec c'qu'on avait descendu avant.

Max. – Mais non… La vie est courte, faut en profiter… Bouh ! je m'sens barbouillé ! J'ai dû trop manger.

Jean-Loup. – Tu parles ! Tu veux pas r'connaître que t'es bourré.

Max. – Non, j'suis pas bourré, regarde ! *(Il plie un genou et le remonte, puis appuie sur l'autre le coude opposé.)* T'as vu, je tiens ! Non, soit j'ai trop mangé, soit y a un truc qui passe pas. *(Il se lève lourdement.)* J'vais aller prendre quelque chose pour digérer.

Charlie. – C'est quoi ? Tu pourrais p't-être nous en ramener.

Max. – Des granules homéopathiques. Catherine, elle jure que par ça.

Jean-Loup. – Ça marche jamais ces machins-là. Surtout avec tout l'alcool qu'on a dans l'bide. Apporte-nous plutôt de l'Alka-Seltzer.

Max. – C'est sûr qu'c'est pas très efficace mais moi, j'en prends deux ou trois fois plus que la dose normale.

CHARLIE. – T'es fou !

MAX. – Ça craint rien. Le seul risque c'est que ça marche pas, c'est tout.

Max sort. On entend le tonnerre.

CHARLIE. – L'orage approche.

JEAN-LOUP. – Y vont s'prendre la flotte. C'est bien fait pour eux.

CHARLIE. – Alors que nous, on est peinards ici.

MAX, *criant en voix off.* – Eh ! y a plus d'jus ! Qu'est-ce que vous avez fait ?

CHARLIE. – C'est pas nous, on n'a pas bougé.

JEAN-LOUP. – C'est l'orage.

On entend le bruit de plusieurs boîtes qui tombent.

MAX, *criant en voix off.* – Et merde !

JEAN-LOUP. – Qu'est-ce que t'as ?

MAX. – J'ai tout fait tomber. Faut dire qu'y a tellement d'boîtes !

CHARLIE. – On va v'nir. Où sont les lampes de poche ?

MAX. – Pas la peine ! Je m'débrouille avec mon briquet.

JEAN-LOUP. – Dis-nous où c'est !

MAX. – Le temps que vous trouviez, j'aurai fini. Je vois pas grand-chose mais j'y arrive… Et, à tous les coups, les trois quarts sont périmés. Ça m'énerve !

CHARLIE. – Écoute-le râler !

JEAN-LOUP. – Il va revenir avec une humeur de chien, comme toujours quand quelque chose lui résiste.

CHARLIE. – Et il va oublier l'Alka-Seltzer, c'est sûr.

MAX, *en entrant*. – Sois pas mauvaise langue. Le v'là, ton Alka-Seltzer.

CHARLIE. – Tu nous sauves la vie.

Charlie et Jean-Loup se lèvent péniblement et se dirigent vers la cuisine.

JEAN-LOUP. – On revient tout de suite.

Max regagne sa place. Charlie et Jean-Loup retournent vers les autres.
Retour de la lumière normale.

CHARLIE. – Nous sommes allés prendre nos cachets dans la cuisine. Le temps qu'ils fondent, vous étiez là.

JEAN-LOUP. – Et dans la demi-heure qui a suivi, nous n'avons pas bougé.

MONIQUE. – Il est évident qu'il avait déjà été empoisonné puisqu'il se plaignait du ventre.

BERNARD. – Et sans doute même un bon moment avant, le temps que le produit agisse.

SYLVIE. – Ça a peut-être des effets fulgurants.

DOMINIQUE. – Je ne pense pas. Si c'était le cas, il ne se serait pas endormi paisiblement. Nous l'aurions vu se tordre de douleur.

MONIQUE. – Qu'on le veuille ou non, on en revient au café. D'ailleurs vous êtes restés assez longtemps seuls, tous les deux. Combien de temps environ ?

SYLVIE. – Je ne sais pas. Cinq, dix minutes.

DOMINIQUE. – Au moins. Je suis même venue voir si vous n'aviez pas tout bu.

SYLVIE. – Il fallait bien que le café passe.

JEAN-LOUP. – Et pendant qu'il passait, le café, vous deux, qu'est-ce que vous faisiez ?

SYLVIE. – Rien. On discutait de choses et d'autres.

JEAN-LOUP. – « On discutait de choses et d'autres. » Ben voyons !

SYLVIE. – Oui, on bavardait. Qu'est-ce qui te prend ? Ma parole, tu es jaloux !

JEAN-LOUP. – Comme tu bavardais l'autre soir chez Pierre-Yves ?

SYLVIE. – L'autre soir chez Pierre-Yves ?!

JEAN-LOUP. – Si tu crois que je n'ai pas vu ton petit manège ! Tu lui tournais autour comme un chien autour d'un bout de bifteck.

SYLVIE. – Mais tu es malade !

JEAN-LOUP. – Oh non ! Je ne suis pas malade ! Et surtout, je ne suis pas aveugle. Une chienne, oui, c'est bien ce que tu es !

SYLVIE. – Tu n'as pas le droit !… Devant tout le monde… Je suis ta femme, quand même !

CHARLIE. – Écoute, Jean-Loup, es-tu sûr que le moment soit bien choisi pour…

JEAN-LOUP, *le coupant*. – Tu ne crois pas que tu es plutôt mal placé pour me dire ça, après votre petite scène de tout à l'heure ?

CATHERINE. – Sans compter qu'en soupçonnant ainsi Sylvie, tu rajoutes encore une ligne sur l'ardoise, déjà bien remplie, de Max.

JEAN-LOUP. – Écoute, Catherine, loin de moi l'idée de vouloir salir la mémoire de ton mari. Mais de quoi veux-tu qu'un homme comme lui parle avec Sylvie ? La partie de son individu qui intéresse le plus les hommes, ce n'est sûrement pas sa conversation.

SYLVIE. – Ah ! parce que ta conversation à toi est plus riche, plus captivante ?

JEAN-LOUP. – Que la tienne ? C'est certain !

SYLVIE. – Et peux-tu me dire quel intérêt il y a à parler toujours de pognon ?

JEAN-LOUP. – Moi, je parle toujours de pognon ?!

SYLVIE. – La prochaine fois, écoute-toi parler. C'est édifiant. Tu veux que je te dise quelles sont les deux expressions qui reviennent le plus souvent dans ta bouche ? « Très intéressant financièrement » et « d'excellent rapport ». Tu les dis même la nuit, quand tu rêves à voix haute.

JEAN-LOUP. – Et même si c'est vrai, tu n'as pas à t'en plaindre, non ? Jusqu'à preuve du contraire, tu as plutôt la belle vie.

SYLVIE. – Tu essaies de faire croire qu'on vit dans le luxe. Mon pauvre vieux ! T'es même pas riche. Si j'avais su !

JEAN-LOUP. – Tu es en train d'avouer que tu m'as épousé uniquement pour mon argent.

SYLVIE. – Bien sûr ! Qu'est-ce que tu t'imagines ? C'est pas pour tes performances sexuelles !

Silence gêné.

BERNARD. – Si on recentrait un peu…

MONIQUE. – C'est vrai, là on s'égare.

DOMINIQUE. – Reprenons l'enquête où on l'avait laissée.

SYLVIE. – Mais on est en plein dedans ! Qu'est-ce que vous croyez ?

JEAN-LOUP. – Bon, ça suffit, Sylvie !

SYLVIE. – Vous voyez, il essaie de me faire taire.

JEAN-LOUP. – Mais parce que ce que tu dis n'intéresse personne. Il paraît que je ne parle que d'argent, mais toi ? De quoi parles-tu ? De people, de fringues, de mecs. Tout le monde sait ici que tu n'as rien dans la cervelle. Je parais, donc je suis. Ça pourrait être ta devise.

SYLVIE. – Et tu es mieux, toi, peut-être ?

BERNARD. – Écoutez, ça devient gênant.

SYLVIE. – Mais non, pourquoi ? On peut tout se dire, on est entre amis, non ? Entre très bons amis, n'est-ce pas ? Des bons amis qui s'aiment, qui se respectent…

MONIQUE. – Enfin, Sylvie, qu'est-ce que tu veux dire ?

SYLVIE. – Simplement que Jean-Loup, le bon copain, est là, depuis tout à l'heure, à pleurer la mort de Max, alors qu'au fond, il est bien content.

JEAN-LOUP. – Tu es complètement folle !

SYLVIE. – Oui, tu es content. Tu étais jaloux de Max et tu lui en voulais à mort.

JEAN-LOUP. – Moi, jaloux de Max ? N'importe quoi ! Quelles raisons aurais-je eues d'être jaloux de lui ? Je pense avoir mieux réussi que lui dans la vie.

BERNARD. – Ça, c'est ton point de vue.

SYLVIE. – Et ça n'était pas celui de Max, je peux vous le dire. *(À Jean-Loup.)* Et tu le savais. Tu savais qu'il te considérait comme un traître.

JEAN-LOUP. – Tout de suite les grands mots !

CHARLIE. – Elle n'a pas tort, tu le sais bien. Max t'en a toujours voulu d'avoir préféré le monde de l'argent à celui de la culture. Ce n'est pas pour ça qu'on s'était battus en mai 68.

KARINE. – Il passait son temps à te le reprocher.

JEAN-LOUP. – Et après ? Vous croyez que c'est une raison suffisante pour le tuer ? Et de toute façon, comment aurais-je fait ? Vous m'avez vu lui verser du poison dans sa bouffe ?… Alors !…

MONIQUE. – Tu ne t'es jamais retrouvé seul avec lui ?

JEAN-LOUP. – Eh bien, non, justement !

MAX. – Lui aussi, il ment, comme sa femme tout à l'heure. Charmant couple ! Nous sommes allés ensemble chercher les entrées. Je me souviens, j'avais soif. Je me suis servi un verre d'eau que je n'ai pas fini. Il a très bien pu… *(À Jean-Loup.)* Si c'est toi, mon salaud, tu es encore plus pourri que je ne pensais.

CHARLIE. – Quand je pense que tout à l'heure tu as osé parler de nos mobiles, à Karine et moi ! Tu avais cent fois plus de raisons de le faire que nous.

KARINE. – Pour une fois, je suis d'accord avec Charlie.

JEAN-LOUP. – J'aurais tué Max parce qu'il me reprochait d'avoir repris la boîte de mon père ? C'est n'importe quoi !

CHARLIE. – Pas du tout ! Tu ne supportais pas le regard qu'il posait sur toi.

JEAN-LOUP. – Alors là, c'est l'hôpital qui se fout de la charité ! Et l'opinion qu'il avait de toi, tu veux qu'on en parle ?

CHARLIE. – Mais je ne vois pas…

JEAN-LOUP. – Oh ! si, tu vois très bien ! Et puisque tu évoques nos mobiles respectifs, eh bien, allons-y ! Tu souffrais beaucoup plus que moi du mépris de Max. C'est certes très vexant de passer pour un traître, mais c'est encore plus humiliant d'être considéré comme un raté.

Charlie veut se jeter sur Jean-Loup mais Bernard le retient.

DOMINIQUE. – Jean-Loup, tu n'as pas le droit !

JEAN-LOUP. – Quoi ? On m'accuse de meurtre et je ne peux pas me défendre ?

DOMINIQUE, *sèchement*. – Mais personne ne t'accuse. *(Un temps.)* On essaie de comprendre, c'est tout.

MAX. – Là je te trouve un peu dur, Jean-Loup. D'accord, Charlie a fait ses deux premières années de fac en quatre ans, mais nous savons tous ici que c'est parce qu'il devait bosser pour payer ses études. *(Au public.)* Il a travaillé comme surveillant tout de suite après le bac. Quand il a raté sa licence, il a renoncé à la repasser et il est resté pion dans son collège où sa femme a ensuite été nommée. Je ne l'ai jamais méprisé. Au contraire, comme dirait Bernard, je le trouvais méritant.

BERNARD. – D'ailleurs tout le monde sait que Charlie ratait ses examens parce qu'il était salarié. Et nous le trouvions tous très méritant. Du moins, c'est ce que je croyais.

JEAN-LOUP. – Tous sauf un. Max a toujours méprisé les gens en échec. C'est tout ce qu'il voyait en Charlie : ses échecs, pas ses mérites. *(À Charlie.)* Ose dire que ça n'est pas vrai et que tu n'en as pas souffert pendant toutes ces années ! *(Charlie ne répond pas.)* Je m'en fous que tu sois pion. De quel droit je te le reprocherais, moi, la brebis galeuse qui a choisi l'argent ? Seulement Max, lui, il s'y entendait pour porter des jugements. À moi, il m'en voulait de ma sortie de route ; et toi, il te regardait de haut, avec cette condescendance insupportable dans les yeux.

CHARLIE. – S'il n'y avait eu que lui !

JEAN-LOUP. – Je te répète que moi, je m'en fous.

CHARLIE. – Je ne parle pas de toi. *(Il regarde Karine qui hausse les épaules.)* C'est dur pour un homme de vivre en sachant que sa femme a honte de lui.

KARINE. – Tu dis n'importe quoi.

CHARLIE. – Ah oui ? Alors peux-tu m'expliquer pourquoi tu m'évites au collège ? Tous les profs viennent de temps en temps prendre le café à la vie scolaire. Tous sauf toi. Si tu viens, c'est uniquement pour le boulot.

KARINE. – C'est idiot ! Et à quelle occasion aurais-je eu honte de toi ?

CHARLIE. – Tu n'as pas eu honte de moi ; tu avais et tu as honte de moi. Il y a une nuance. Quand c'est ponctuel, à la suite d'une erreur ou d'une mauvaise action, c'est dur à encaisser puis ça passe, je suppose. Mais, au quotidien, le regard qui dit : « T'es qu'un pauvre type », c'est insupportable. Surtout quand l'autre est là, et que, du coup, le regard dit : « Tu l'as vu lui ? Et tu te vois, toi, à côté ? »

Un temps.

MONIQUE. – Te rends-tu compte que tout cela te donne un sacré mobile ?

CHARLIE. – Je m'en fous. Ça m'a fait du bien de le dire. Depuis le temps que je l'avais en travers de la gorge… *(Un temps.)* Ne me regardez pas comme ça ! Ce n'est pas moi qui ai tué Max. Encore une fois, pourquoi aurais-je attendu aussi long-temps ?… Oh ! je ne dis pas que je n'y ai jamais pensé. Je l'ai assassiné une bonne vingtaine de fois en rêve. Mais je ne suis qu'un pauvre type, n'est-ce pas, alors je n'ai pas eu le cran de passer à l'acte… Eh non, Monique, désolé, l'énigme n'est pas résolue. Il faut que tu continues ton enquête.

DOMINIQUE. – Que diriez-vous d'une petite pause ?

CATHERINE. – Ça ferait du bien à tout le monde. D'ailleurs, il faut tout de même que je prévienne la police.

SYLVIE. – Ah ! tout de même ! C'est pas trop tôt.

JEAN-LOUP. – Il reste du café dans la cuisine ?

CATHERINE. – Oui. Allez-y. Je téléphone et je vous rejoins.

JEAN-LOUP. – O.K. On y va ?

Ils sortent tous sauf Max.

MAX. – Les veinards ! Je ne sais pas ce que je donnerais pour un café. Je vous abandonne. Je vais avec eux à la cuisine. À défaut de pouvoir le boire, j'aurai toujours l'odeur. *(Il sort.)*

FIN DU 1ᵉʳ ACTE

ACTE II

JEAN-LOUP. – Ça fait un bien fou ! *(À Sylvie.)* Tu as eu tort de ne pas en prendre.

BERNARD. – Oh oui ! C'est rassurant, quand tout s'écroule autour de vous, de se raccrocher aux choses qui ne changent pas ; comme un bon café, par exemple.

SYLVIE. – Tu trouves ça rassurant, toi ? Et si le poison est dans la cafetière ?

JEAN-LOUP. – Mais arrête !

SYLVIE. – C'est vrai, quoi ! On ne sait toujours pas si Max était le seul visé ou si l'assassin veut notre peau à tous.

CHARLIE. – Pour l'instant, personne d'autre n'est mort.

SYLVIE. – Comme tu dis… pour l'instant.

JEAN-LOUP. – Arrête de paniquer, tu veux ? De toute façon, la police ne va pas tarder.

SYLVIE. – Elle devrait être là depuis longtemps. Si elle était là, je serais plus tranquille. D'ailleurs, le coupable doit être bien content. Il a commis son crime, et nous, on est tous là à attendre qu'il recommence.

CHARLIE. – Le ou les coupables. Après tout, depuis le début, on cherche une personne mais il y a peut-être plusieurs assassins.

JEAN-LOUP. – Nous sommes peut-être tous complices, qui sait ? Tous sauf Max et toi, Sylvie, qui es donc fatalement la prochaine victime.

SYLVIE. – Quand tu auras fini ! Tu vois pas que je crève de trouille ?

JEAN-LOUP. – Mais c'est ridicule, enfin ! On n'est pas dans un film d'horreur ! En fait d'horreur, on a déjà la mort de Max. Ça suffit peut-être, tu ne crois pas ?

SYLVIE. – Bien sûr ! Mais n'empêche que c'est pas normal de pas appeler tout de suite la police quand il y a eu un meurtre.

DOMINIQUE. – Nous y revoilà !

SYLVIE. – Oui. Quand on prévient pas les flics, ça veut dire qu'on veut faire disparaître des indices ou qu'on a l'intention de recommencer.

DOMINIQUE. – Quelle perspicacité, dis-moi ! Et tu as trouvé ça toute seule, dans ta petite tête ? Bravo !… Donc la machiavélique Dominique a tué Max, comme ça, pour le plaisir, puisque, je te rappelle, je n'ai pas de mobile, puis elle se donne le temps de la réflexion avant de choisir sa prochaine victime. À moins qu'elle ne tire à la courte paille, comme dans « Il était un petit navire », tu sais… *(En chantant.)* « Pour savoir qui, qui, qui sera mangé… » Seulement voilà, dans la chanson, « le sort tomba sur le plus jeune ». Et ici, le plus jeune, c'est qui ?… On en revient à ce que disait Jean-Loup : la prochaine victime, c'est toi.

SYLVIE. – Tu es folle !

DOMINIQUE. – Et c'est moi qui suis folle !… Tu es là, depuis tout à l'heure, à jouer les gamines effarouchées… Nous sommes tous anéantis par la mort de Max et toi, qu'est-ce que tu fais ? Tu racontes des histoires de serial killers.

SYLVIE. – Tu n'avais qu'à téléphoner…

DOMINIQUE, *la coupant*. – … à la police tout de suite. C'est bon, on a entendu. Ça fait cent fois que tu nous le répètes… J'ai expliqué pourquoi je ne l'avais pas fait. Je pensais que vous aviez compris… Ils vont arriver avec leurs gros sabots et ils vont fouiller dans nos vies, tout défoncer, tout éventrer, tout piétiner.

SYLVIE. – Comment ça, tout piétiner ?

JEAN-LOUP. – C'est du sens figuré. En vrai, ils n'ont pas de sabots, même à la campagne.

DOMINIQUE. – Je sais bien qu'on ne peut pas éviter une enquête. C'est évident. Mais moi, j'ai toujours pensé que le linge sale, ça se lave en famille.

SYLVIE. – Tu parles ! Elle est belle, la famille !

DOMINIQUE. – Tu critiques parce que tu n'as jamais réussi à t'intégrer.

SYLVIE. – J'ai toujours refusé de m'intégrer ; c'est différent.

DOMINIQUE. – Ben voyons !

SYLVIE. – Oui, justement ! C'est sûr, toi, tu ne peux pas comprendre. Karine et Monique avaient raison tout à l'heure. Tu ne vois que par ça, ta famille, comme tu dis. Mais ouvre un peu les yeux ! Regarde-toi, et regarde-les. Une bande de ringards, des soixante-huitards attardés, voilà ce que vous êtes.

MAX, *à Dominique*. – Ah non ! Tu ne vas pas la laisser nous traiter comme ça !

DOMINIQUE. – Peut-être, mais ça veut dire que nous, au moins, nous avons des idées ; ce qui n'est pas ton cas.

MAX. – Bien dit !

SYLVIE. – Avoir toujours, à plus de quarante ans, les idées qu'on avait à vingt, il n'y a pas de quoi se vanter !

MAX. – Réponds-lui ! Qu'est-ce que tu attends ?

DOMINIQUE. – Pourquoi, si elles sont bonnes ? Et puis, ça ne veut pas dire qu'on est des ringards. Ça prouve simplement que rien n'a évolué en vingt ans.

MAX. – Exactement !

SYLVIE. – Et surtout pas vous !

MAX. – La petite peste !

DOMINIQUE. – Ah ! parce que toi, tu évolues !… Oh ! pardon, c'est vrai, j'oubliais ! Un petit séjour en clinique t'a valu de changer de taille de soutien-gorge. Passer du bonnet A au bonnet D, ça c'est de l'évolution !

MAX. – Bravo ! Qu'est-ce que tu lui as mis ! *(À Sylvie.)* C'est bien fait pour toi. Tu as eu ce que tu méritais.

SYLVIE. – Tu es jalouse. Tu aimerais bien en faire autant, mais tu n'as pas les moyens.

KARINE. – Faute !

SYLVIE. – Qu'est-ce qui te prend ?

KARINE. – Passionnant votre petit match mais là, ça fait point pour Dominique. Tu as visé à côté. Les gros seins, ça n'a jamais été son truc… Mais moi, tu vois, j'aimerais bien savoir pourquoi tu es passée sur la table d'opération… Pourquoi ou pour qui?

SYLVIE. – Comment ça, pour qui?

KARINE. – Vu la petite scène dont vous nous avez gratifiés Jean-Loup et toi, je doute fort que ce soit pour lui.

SYLVIE. – Pourquoi veux-tu que ce soit pour quelqu'un? Je l'ai fait pour moi, c'est tout.

KARINE. – Et tu t'imagines que nous allons te croire?

SYLVIE. – Mais enfin…

KARINE. – Tout le monde sait ici qu'il n'y a qu'une chose qui compte pour toi : le regard des hommes.

SYLVIE. – Et c'est toi qui dis ça! T'es plutôt mal placée pour me faire ce genre de réflexion.

KARINE. – C'est possible, mais la différence qu'il y a entre nous deux c'est que moi, ils ne me draguent pas que pour mon physique.

SYLVIE. – Ton physique seul ne suffit peut-être pas? Qui sait!

CATHERINE. – Quand vous aurez fini les joutes verbales sans intérêt, vous le direz.

KARINE. – Détrompe-toi : il y a un intérêt. Tout à l'heure, Jean-Loup a dit que Sylvie n'avait pas de mobile. Eh bien, moi, je prétends qu'elle en avait un, et un bon. Nous savons tous que Max aimait les femmes, surtout quand elles étaient jolies, mais que très vite, même la plastique la plus parfaite ne lui suffisait plus. Il se lassait des belles enveloppes s'il n'y avait rien dedans.

CHARLIE. – Et où veux-tu en venir ?

KARINE. – Je pense que Sylvie avait jeté son dévolu sur lui. Peut-être même était-elle sincèrement amoureuse. Rien d'étonnant à cela, le charme de Max faisait des ravages. Elle s'est fait refaire les seins pour lui plaire, mais lui a continué de l'ignorer. Ou il se l'est tapée mais juste une fois ou deux ; et elle ne l'a pas supporté. Elle s'est procuré du poison. Pendant qu'ils surveillaient le café, elle a dû encore user de ses charmes et, comme il l'a repoussée, elle l'a empoisonné. Voilà.

JEAN-LOUP. – Comme tu y vas ! Tu es pire que Monique.

BERNARD. – C'est un peu gros, non ?

KARINE. – Et moi je trouve ça très logique, au contraire.

SYLVIE. – C'est peut-être logique mais c'est complètement faux.

KARINE. – Ah oui ?

SYLVIE. – Je n'ai jamais allumé Max.

JEAN-LOUP. – Non, penses-tu ! Ni lui ni un autre d'ailleurs. Tu vas sans doute nous dire que tu es une pauvre petite oie blanche. Enfin, regarde-toi ! À côté de toi, toutes les autres femmes ont l'air de bonnes sœurs.

CHARLIE, *montrant Karine*. – Oui, enfin… disons… presque toutes.

KARINE, *à Charlie*. – C'est bon. Là il ne s'agit pas de nous !

Sylvie, *à Jean-Loup.* – Elle est en train de m'accuser de meurtre et c'est comme ça que tu me défends ?

Jean-Loup. – Reconnais qu'elle n'a pas tort. Si ton seul but n'était pas d'éveiller le désir, tu ne passerais pas ton temps à tortiller du cul devant tous les hommes.

Sylvie. – C'est vrai que j'aime qu'on me regarde mais n'empêche que ce qu'elle dit est faux. Max ne m'ignorait pas. Au contraire, pendant qu'on faisait le café, il n'a pas arrêté d'essayer de m'embrasser. Et il m'a dit qu'il était amoureux de moi depuis notre première rencontre. *(Un temps.)* Je ne voulais pas te le dire pour ne pas te faire de peine.

Jean-Loup. – Je t'en prie… Au point où on en est ! Je crois que si on se faisait encore des illusions les uns sur les autres, aujourd'hui elles ont été balayées… Tu prétends qu'il avait des vues sur toi depuis le début ? Pourquoi a-t-il attendu tout ce temps ?

Sylvie. – Par amitié pout toi.

Jean-Loup, *ironique.* – Oh ! quel amour ! C'est trop mignon !… *(Sèchement.)* Et il a considéré qu'il avait fait son devoir d'ami assez longtemps, c'est ça ? La loyauté a ses limites.

Sylvie. – Il m'a dit qu'il ne pouvait plus se retenir.

Jean-Loup. – Un chien !… Tu vois, Karine, tu l'avais vraiment idéalisé. Il était comme les autres. Pour lui aussi, la conversation d'une femme ça se résumait à un cul et deux nichons.

Un temps.

Max *au public.* – C'est cauchemardesque ! Jusqu'à présent, je pensais que ma mort serait la pire chose qui arriverait aujourd'hui. Eh bien, je commence à croire que j'étais optimiste…

C'est dingue. Ça s'écroule de partout. Et là, Dominique aura beau faire, je doute fort qu'elle réussisse à recoller les morceaux… Si on regarde bien, les seuls qui surnagent dans ce naufrage ce sont Catherine, Bernard et Monique… Trois sur huit… Ça ne fait même pas la moyenne… Il n'y a pas de quoi pavoiser.

CHARLIE. – C'est effrayant. Plus on avance, plus on s'enfonce dans le sordide.

BERNARD. – Je donnerais cher pour être au lit avec une bonne grippe et ne pas avoir assisté à tout ce déballage.

JEAN-LOUP. – Oui, moi aussi. Mais voilà, on est là.

CHARLIE. – Finalement, Monique, tu es la seule sur laquelle il n'a pas sauté. Je ne sais plus si je dois te féliciter ou te plaindre. Qu'en penses-tu, toi ? *(Silence gêné.)* Eh bien, réponds. En tires-tu de la satisfaction ou des regrets ? Qu'est-ce que ça fait d'être l'exception qui confirme la règle ?

Nouveau silence.

MONIQUE, *regardant Catherine, gênée.* – Je…

CATHERINE. – Tu n'as pas à te sentir gênée. Pour ça aussi, je suis au courant depuis longtemps.

DOMINIQUE. – Ce n'est pas possible !

CATHERINE. – Si, hélas ! Le terme d'« exception » ne convient pas à Monique non plus. Il est clair que Max a essayé avec tout le monde.

DOMINIQUE. – Mais… Bernard ?

CATHERINE. – Bernard l'a su avant moi. N'est-ce pas ?

BERNARD. – Oui.

Nouveau silence.

Jean-Loup. – Ma parole, s'il n'y avait pas un mort, ça en deviendrait risible.

Charlie. – C'est incroyable ! Mais comment pouvait-il avoir autant de besoins à son âge ?

Karine. – Ça c'est sûr, c'est quelque chose que tu n'arrives pas à concevoir.

Charlie hausse les épaules.

Monique. – Attends ! Lui et moi, c'est de l'histoire ancienne. Il n'y avait plus rien depuis longtemps.

Karine. – C'était quand ?

Monique. – Il y a quinze ans.

Karine. – Et ça a duré… ?

Monique. – Un an environ.

Karine. – Génial !

Dominique. – Dis donc, Karine, je comprends que tu sois jalouse et passablement énervée par tout ce que tu apprends. Découvrir qu'on n'est pas la seule favorite du roi, c'est plutôt vexant. Mais tu pourrais te retenir. En présence de Catherine, ton comportement est plus qu'inconvenant ; il est carrément obscène.

Karine. – Chacun est comme il est. Désolée. Si Catherine est complaisante, tant mieux pour elle. Moi, je n'ai jamais su jouer les cocus magnifiques.

Catherine, *éclatant*. – Bon, Karine, ça suffit maintenant ! Tu gardes tes réflexions, s'il te plaît ! Depuis tout à l'heure, j'encaisse tout. Mais là, tu dépasses les bornes. Tu crois que ça me fait plaisir tout cet étalage du palmarès de Max ? Toi, tu es jalouse et tu n'es même pas sa femme. Alors mets-toi un peu à ma place. Si tu t'imagines que c'est facile d'être mariée à un homme comme lui qui saute sur tout ce qui bouge, du moment que c'est du genre féminin… Enfin, qui sautait. Parce qu'il est mort, je te rappelle, mort !… Alors tu vois, j'essaie d'être digne. Et tu ferais bien d'en faire autant. Dans tout ce bourbier, c'est bien la seule chose qui puisse nous aider à ne pas trop nous enfoncer, la dignité.

Silence.

Jean-Loup. – Excusez-moi mais là j'ai du mal… Monique, je n'arrive pas à t'imaginer avec Max… Et toi, Bernard, tu savais ?

Bernard. – Oui. Monique me l'a dit tout de suite.

Charlie. – C'est fou !

Bernard. – À l'époque, ça ne marchait pas très fort entre nous. On peut même dire que notre ménage battait de l'aide. Je ne peux pas en vouloir à Monique d'avoir recherché chez un autre ce que je ne lui apportais pas. Je dois même reconnaître que ça nous a rendu service. Finalement, nous sommes restés ensemble et nous avons réussi à reconstruire quelque chose… Max a sauvé notre couple.

Max, *au public*. – Enfin un point positif ! Je n'y croyais plus ! Le tableau était d'une telle noirceur !

Jean-Loup. – Mais enfin, ce n'est pas possible, Bernard. On ne sauve pas un couple en… Ça ne s'est jamais vu.

BERNARD. – Je sais bien que ça peut paraître délirant. Pourtant c'est vrai. Souvenez-vous. Que nous est-il arrivé à Monique et moi, il y a quatorze ans ?

DOMINIQUE. – Baptiste. Vous avez eu Baptiste.

BERNARD. – Voilà ! L'arrivée de Baptiste dans notre vie nous a permis de prendre un nouveau départ.

CHARLIE. – Donc c'est grâce à la naissance de Baptiste que vous êtes restés ensemble. Ça n'a rien à voir avec Max. Alors pourquoi dis-tu… *(Réalisant.)* Non !!!

BERNARD. – Et si !

Silence.

JEAN-LOUP. – J'ai toujours trouvé qu'il ne te ressemblait pas beaucoup… mais je n'aurais jamais imaginé…

BERNARD. – Nous avons essayé, sans succès, pendant trois ans. Monique culpabilisait. Elle pensait que ça venait d'elle. Quand nous avons su que je ne pouvais pas avoir d'enfants, je lui ai proposé de reprendre sa liberté. Je la connais ; elle est mère avant d'être femme. Elle a refusé. Elle n'a pas voulu tirer sur l'ambulance. Mais la rancœur s'est glissée dans notre couple. Nous sommes devenus incapables de partager quoi que ce soit. Nous étions en désaccord sur tout… jusqu'à ce fameux jour où elle m'a dit que Max lui avait fait des avances et qu'elle s'était laissée faire.

DOMINIQUE. – Il connaissait votre problème ?

MONIQUE. – Non. Pas au début. À moins qu'il ne l'ait deviné… Quand Baptiste est né, il m'a posé la question, bien sûr. Alors je lui ai dit.

DOMINIQUE. – Et comment a-t-il réagi ?

MONIQUE. – Tu le connais aussi bien que moi. Il était très attiré par les femmes mais pas vraiment par les enfants. Et puis, il y avait Catherine. Ça l'arrangeait de ne pas reconnaître Baptiste. Nous aussi. Tout était pour le mieux. Il s'est contenté d'être le parrain et nous avons décidé tous les trois de garder le secret.

JEAN-LOUP. – Pourtant Catherine vient de dire qu'elle savait.

MONIQUE. – Je suppose qu'elle savait pour Max et moi, mais pas pour Baptiste.

CATHERINE. – Là encore, j'ai surpris une conversation ; téléphonique cette fois. Il n'y avait aucune équivoque possible. Quand il s'est retourné après avoir raccroché, il a vu à ma tête que j'avais tout entendu, alors il s'est lancé dans une explication rocambolesque. Il avait vu que Monique était malheureuse, il avait voulu l'aider, la réconforter. Un véritable saint-bernard.

BERNARD. – Joli jeu de mots !

CATHERINE, *à Bernard*. – Pardonne-moi. C'est de mauvais goût mais c'est involontaire. *(À tous.)* Donc, je me suis fâchée. Je l'ai insulté. Je lui ai dit que je ne supportais plus qu'il se foute de moi. Là, je crois qu'il a compris que je ne plaisantais pas et, pour me prouver qu'il ne mentait pas, il m'a tout raconté.

MONIQUE. – Donc tu savais pour Baptiste.

CATHERINE. – Oui, je savais. Pendant toutes ces années, j'ai su qu'il avait un fils, alors qu'il refusait de m'en faire à moi. *(Un temps.)* Pourtant j'avais tellement envie d'un enfant… Mais il n'a jamais rien voulu savoir. *(Un temps. Puis elle crie.)* Il a fait un bâtard à Monique, et à moi rien !

Silence.

KARINE. – Mais pourquoi ne l'as-tu pas largué ?

CATHERINE. – Si tu crois que j'e n'y ai pas pensé !… Mais bon, au début, j'espérais qu'il changerait d'avis. Je me suis dit que j'avais des arguments pour ça. J'ai tout essayé, en vain.

KARINE. – Tu n'avais qu'à lui faire un enfant dans le dos !

CATHERINE. – Figure-toi que je l'ai envisagé. Seulement ça voulait dire le perdre, et je ne pouvais pas. *(Silence.)* Puis le temps a passé… et je suis allée voir ailleurs.

KARINE. – Tu l'as trompé ?!

CATHERINE. – Bien sûr, qu'est-ce que tu crois !

MAX. – Quoi !… *(À Catherine.)* Et toi qui parlais de dignité ! Eh bien, bravo ! Elle est belle ta dignité ! Et dire que depuis tout à l'heure tu te fais passer pour une victime ! La pauvre épouse fidèle et bafouée… Et tu t'envoyais en l'air avec n'importe qui !… D'ailleurs j'aimerais bien savoir avec qui… À tous les coups, c'est avec un des trois autres rigolos… On ne peut faire confiance à personne.

KARINE. – Et qui est l'heureux élu ? On le connaît ?

CATHERINE. – Non. Vous ne les connaissez pas.

MAX, *à Catherine*. – « Les » ?! Parce qu'il y en a eu plusieurs ?! Ah ! c'est le bouquet !… Tu m'écœures, tiens !… Tu veux que je te dise ? Si j'étais encore en vie, je te planterais là… Et même si tu te traînais à mes pieds, je ne te reprendrais pas.

JEAN-LOUP. – Eh bien, dis donc, tu caches bien ton jeu ! Je n'aurais jamais imaginé que tu puisses tromper Max. Pourtant, quand on y pense, il l'a bien mérité.

CATHERINE. – Je n'avais pas le choix. C'était une question de survie. Si je ne l'avais pas trompé, qui sait, je l'aurais peut-être tué.

KARINE. – Et c'est sans doute ce que tu as fait, d'ailleurs.

DOMINIQUE. – Doucement, tu veux !

KARINE. – Au classement du meilleur mobile, tu arrives largement en tête.

DOMINIQUE. – Pas si largement que ça. Tu la suis de très près.

KARINE. – Et revoilà sainte Dominique qui vole au secours de l'opprimée ! Ma parole, tu es amoureuse de Catherine ou quoi ?

CHARLIE. – Ça suffit, Karine !

KARINE. – Oui, ça suffit ! J'en ai marre de toute cette hypocrisie, marre de passer pour une garce parce que je dis haut et fort ce que tout le monde pense.

CHARLIE. – Non. Tu es la seule à avoir des idées aussi tordues.

KARINE. – Mais arrête, tu veux ! Nous savons tous ici que Dominique est lesbienne. C'est pas un scoop.

DOMINIQUE. – Et alors ? Ça ne t'a pas toujours dérangée !

CHARLIE. – Pardon ?

DOMINIQUE. – Rassure-toi. C'était avant ton mariage. *(Charlie, Jean-Loup, Bernard et Monique se regardent, ahuris.)* Je suis désolée pour toi, mais quand on épouse une chienne en chaleur, on sait qu'il y a des risques.

KARINE, *se jetant sur Dominique.* – Sale gouine !

DOMINIQUE. – J'aime mieux être gouine que nymphomane.

Charlie et Jean-Loup les séparent.

SYLVIE, *à Dominique*. – C'est bien toi qui parlais de famille, tout à l'heure.

CHARLIE. – Je n'aurais jamais cru qu'on pourrait tomber aussi bas.

JEAN-LOUP. – Et ça n'est peut-être pas fini. Qu'est-ce qu'on va apprendre encore ?

CHARLIE. – Il est temps que les flics arrivent pour mettre un terme à tout ça.

DOMINIQUE. – Si un jour on m'avait dit que j'attendrais leur arrivée avec impatience…

MAX. – Je suis d'accord. Je donnerais cher pour entendre la sirène.

CHARLIE. – J'en peux plus. J'ai l'impression d'avoir fait un marathon.

MAX, *à Charlie*. – Arrête de te plaindre, tu veux ? Qu'est-ce que je devrais dire, moi ! *(À tous.)* J'suis mort, je vous rappelle… *(Au public.)* Je crois que je n'aurai pas trop de toute l'éternité pour récupérer de cette journée…

SYLVIE. – Catherine, pourquoi Max ne voulait-il pas d'enfants ?

CATHERINE. – Déjà, il n'avait pas l'instinct paternel. Ensuite, il n'était pas prêt à accepter toutes les contraintes qu'entraîne la présence d'un bébé. Et surtout, il n'aurait pas supporté de ne plus être le centre d'intérêt dans la maison.

SYLVIE. – C'est pourtant tellement mignon, un tout-petit.

KARINE. – Tu l'imagines donnant le biberon et changeant les couches ? Et tu l'entends dire : « Coucou ! Fais risette à Papa ! »

JEAN-LOUP. – C'est sûr. Ce n'était pas du tout son truc.

CATHERINE. – Éventuellement, il aurait été d'accord si les enfants naissaient directement adolescents… Oui, je pense même qu'il aurait aimé lui faire découvrir tout ce qu'il connaissait… Il était fait pour être prof, pas père. D'ailleurs, il emmenait parfois Baptiste courir ou faire un tennis.

BERNARD. – Ça me rendait bien service. Le sport et moi…

MONIQUE. – Et au moins, il faisait quelque chose pour son fils.

MAX, *au public*. – Un compliment ! Une fois n'est pas coutume. Vous avez tous bien entendu, j'espère. J'avais quand même quelques bons côtés.

JEAN-LOUP. – Ma parole, tu es en train de nous dire qu'il n'avait pas que des mauvais côtés ?!

MAX, *à Jean-Loup*. – Toi, je vais t'dire, tu as de la veine que je sois mort, sinon…

CHARLIE. – Finalement, si on réfléchit bien, Monique et Bernard, vous êtes les seuls à ne pas avoir de mobile.

DOMINIQUE. – Parce que j'en ai un, moi ?

CHARLIE. – Bien sûr ! Après ce que nous venons d'apprendre sur Karine et toi… Tu étais jalouse.

DOMINIQUE. – Dans ce cas, pourquoi aurais-je tué Max et pas toi ? Après tout, c'est toi son mari.

CHARLIE. – Si peu !

SYLVIE. – Mais si on a tous un mobile, à part Monique et Bernard, ça veut dire que, pour la police, on sera tous suspects ?

KARINE. – Bien sûr !

JEAN-LOUP. – Nous allons tous avoir droit à un interrogatoire en règle.

SYLVIE. – Mais moi, je veux pas. J'ai rien fait.

KARINE. – Ah non ! Tu ne vas pas recommencer ! Tu es dans le pétrin, comme nous tous ici.

SYLVIE. – C'est horrible ! Vous croyez qu'ils vont nous torturer ?

CATHERINE. – Si tu pouvais arrêter de parler pour ne rien dire… C'est vrai, c'est pénible à la fin.

> *Temps.*

KARINE. – Moi, je ne vois pas pourquoi vous dites que Bernard n'a pas de mobile.

CHARLIE. – Il nous a dit que Max lui avait rendu service.

KARINE. – Il le dit, mais est-ce qu'il le pense ? Et si c'était justement pour qu'on ne le soupçonne pas ?

JEAN-LOUP. – Tout le monde n'est pas aussi machiavélique que toi. Je vois mal Bernard…

KARINE, *le coupant*. – Parce qu'à toi ça te plairait d'apprendre que ta petite fille chérie est en réalité de Max ?

JEAN-LOUP. – Mais ça n'est pas la même chose !

KARINE. – Ah oui ? Et pourquoi ?

JEAN-LOUP. – Parce que moi, je ne suis pas dans la même situation que Bernard. Moi, je peux avoir des enfants.

KARINE. – Tu as fait des tests ?

JEAN-LOUP. – Je n'en ai pas eu besoin ; nous avons eu Chloé.

KARINE. – Chloé est la fille de Sylvie, c'est une certitude. Mais rien ne prouve qu'elle soit vraiment la tienne. Elle est peut-être aussi celle de Max.

SYLVIE. – Je t'interdis de dire des choses pareilles ! Je n'ai jamais couché avec lui.

KARINE. – Qu'est-ce qui nous le prouve ?

SYLVIE. – Je vous jure que c'est vrai !

KARINE. – Ce n'est pas un argument.

DOMINIQUE. – Arrête, Karine. Max n'est pas le père de tous les enfants de la création.

KARINE. – Je voulais juste dire que Bernard avait autant de raisons que les autres de tuer… Imaginez un peu. Chaque fois que Baptiste lui disait « papa », ça devait sonner faux dans sa tête et lui rappeler son infortune.

CATHERINE. – Pas forcément. Pour Baptiste, il n'y avait pas de doute. Et ce qui compte, ce n'est pas le sens du mot mais la façon dont on le prononce. N'est-ce pas, Bernard ?

BERNARD, *gêné*. – Oui, bien sûr. Enfin…

MONIQUE. – Non, Bernard !

BERNARD. – Si, Monique. Je ne peux pas écouter ça sans rien dire. C'est trop dur.

MONIQUE. – Mais tu te rends compte que… ça fait de toi le parfait suspect ?

BERNARD. – Tant pis. Il faut que ça sorte. Il faut que tout le monde sache à quel point il était monstrueux.

CATHERINE. – Attends, ce n'est pas possible ! Il m'avait toujours juré qu'il ne le dirait jamais à Baptiste. Il n'a pas osé !

BERNARD. – Eh si, figure-toi ! Il y a un mois, le lendemain de son anniversaire… Comme cadeau, il lui a donné la chevalière qu'il tenait de son père. Il lui a dit qu'elle lui revenait de droit puisqu'il était son fils.

CATHERINE. – Quelle horreur ! Comment Baptiste a-t-il réagi ?

MONIQUE. – Il est rentré furieux. Il a hurlé qu'il ne nous pardonnerait jamais de lui avoir menti pendant quatorze ans ; qu'à sa majorité, il partirait et qu'on ne le reverrait plus. Puis il s'est enfermé dans sa chambre.

BERNARD. – J'ai essayé de lui parler. Il m'a répondu : « Dégage, t'es pas mon père, t'as rien à me dire ! »

MONIQUE. – Et depuis un mois, nous vivons un véritable enfer.

BERNARD. – Je ne peux plus rien lui dire. Je n'ai plus aucune légitimité à ses yeux.

DOMINIQUE. – Mais c'est toi qui l'as élevé. Toi qui as été présent toutes ces années. Pourquoi se comporte-t-il ainsi ?

BERNARD. – Il se sent trahi. Ce qu'il nous reproche, c'est de ne pas le lui avoir dit.

CHARLIE. – Tu aurais peut-être dû le faire.

BERNARD. – Mais j'en avais l'intention ! J'ai voulu simplement attendre. D'abord pour qu'il soit en âge de comprendre, puis pour qu'il soit sorti de l'adolescence. Ce n'est pas une période facile pour apprendre ce genre de nouvelle… Si j'avais su…

CATHERINE. – Il n'est pas idiot. Si tu lui expliques comme tu viens de le faire, il comprendra.

BERNARD. – Encore faudrait-il en avoir la possibilité. Il ne rentre que pour dormir et manger. Et quand il est là, il est muré dans son mutisme, le casque sur les oreilles en permanence. Il refuse toute communication.

JEAN-LOUP. – Tu lui enlèves son casque et tu le sommes de t'écouter.

BERNARD. – J'ai essayé. Il a quitté la table, en hurlant qu'il ne voulait rien entendre d'un type qui avait usurpé le rôle de père, et que si je continuais à le harceler, il irait se réfugier chez Max.

MONIQUE. – Il était persuadé qu'il y serait accueilli à bras ouverts et qu'il y serait beaucoup mieux que chez nous.

CATHERINE. – Le pauvre ! Heureusement qu'il n'a pas mis sa menace à exécution. Il serait encore tombé de haut. Une deuxième désillusion à son âge, ça aurait pu être très grave.

BERNARD. – Au moins il aurait vu quel genre d'homme c'était… Excuse-moi, Catherine, je ne devrais pas parler de lui de cette façon. Après tout, tu es sa veuve ; mais tu ne peux pas imaginer à quel point je l'ai haï. Je savais qu'il avait plus de défauts que nous tous réunis mais je ne l'aurais jamais cru capable de poignarder un ami dans le dos, comme ça, gratuitement, juste pour le plaisir de faire mal.

CATHERINE. – Je ne suis pas sûre que ce soit pour faire mal. Je crois qu'il aimait se sentir maître de son destin et de celui des autres… Oui, c'est ça, il adorait nouer et dénouer à sa guise, un peu comme un écrivain. Mais faire mal volontairement, je ne crois pas. Tu sais, c'était un homme très dur, imperméable aux sentiments. Il imaginait difficilement que les autres puissent ne pas être aussi insensibles que lui.

BERNARD. – Tu as peut-être raison. Ce qui est sûr c'est que je rêve de le tuer depuis un mois… mais voilà…

CHARLIE. – Tu ne l'as pas fait ?

BERNARD. – Non, évidemment. Tu me connais.

CHARLIE. – Tu es trop honnête.

BERNARD. – Même pas ! Pas assez courageux, plutôt.

JEAN-LOUP. – Enfin le résultat est le même. On n'est pas plus avancés. Après ce que tu viens de nous avouer, tu faisais pourtant largement figure de favori.

BERNARD. – C'est bien pour cela que je n'en ai pas parlé avant… De toute façon, je ne peux pas avoir tué Max. Je ne me suis jamais trouvé en tête à tête avec lui, pas plus que Monique, d'ailleurs. Il s'est appliqué à fuir ma compagnie, comme je le lui avais conseillé. Il faut croire que j'ai su me montrer persuasif.

CHARLIE. – Mais quand lui as-tu donné ce conseil ?

BERNARD. – Tout à l'heure. C'est lui qui nous a ouvert la porte.

La lumière baisse légèrement. Bernard et Monique vont en devant de scène côté cour. Ils se dirigent vers le centre de la scène. Max, qui s'est levé, s'avance vers eux et mime le geste de leur ouvrir la porte.

MAX. – Bernard, Monique, ça me fait plaisir que vous soyez venus malgré tout.

BERNARD. – Alors là, tu vois, te faire plaisir, c'est bien la dernière chose dont j'ai envie.

MAX. – Écoute, Bernard…

MONIQUE, *le coupant*. – Ne te fais pas d'illusions. Si nous sommes ici, ce n'est pas parce que nous t'avons pardonné. Ça, ça n'arrivera jamais. C'est uniquement parce que nous ne voulons pas que les autres sachent, tu comprends ?

MAX. – Oui, bien sûr, vous avez raison.

MONIQUE. – Pourtant je te jure que Bernard et moi, nous crevons d'envie de hurler sur les toits quel genre d'homme tu es.

BERNARD. – La plus grande pourriture qui soit !

MONIQUE. – Seulement voilà, il est hors de question que Catherine souffre à cause des horreurs commises par son salaud de mari.

MAX. – Vous exagérez tout de même.

BERNARD, *se contenant très difficilement*. – Tais-toi, Max… Là, tu vois, je fais beaucoup d'efforts pour ne pas t'écraser comme le mérite la vermine que tu es. Mais si j'ai un conseil à te donner, aujourd'hui tu ne m'adresses pas la parole, d'accord ? Et surtout tu t'arranges pour ne pas te retrouver seul avec moi car je ne suis pas du tout sûr de réussir à me contrôler toute la journée… Je pense avoir été clair.

MAX. – Tout à fait.

BERNARD. – Et maintenant, nous allons entrer et faire bonne figure. Et je t'invite à en faire autant… *(Se forçant à sourire.)* Bon, on y va ?

Ils regagnent leur place. Retour de la lumière normale.

BERNARD. – Et voilà pourquoi il a tout fait pour m'éviter. Pour une fois, monsieur « c'est moi qui commande » a obéi sans faire d'histoires.

Silence.

JEAN-LOUP. – Alors, si ce n'est pas toi… qui ?

KARINE. – Mais c'est peut-être lui. Tu n'en sais rien.

JEAN-LOUP. – Écoute, je ne vois pas Bernard se changer en assassin.

KARINE. – C'est le cas pour chacun d'entre nous… Même Monique a pu le faire. Elle aussi doit souffrir des révélations de Max.

MONIQUE. – Pardi ! Tu imagines aisément le genre de reproches que Baptiste peut me faire : « Avoir une femme facile comme mère, il n'y a pas de quoi être fier ! » Et puis si je n'avais pas couché avec un autre homme, il n'y aurait pas eu de problème.

KARINE. – C'est sûr ! Il ne serait pas né.

MONIQUE. – Seulement, quand on lui dit ça, il nous répond qu'il n'a rien demandé, et surtout pas à venir au monde.

JEAN-LOUP. – C'est classique.

Silence.

DOMINIQUE. – Quel gâchis, tout de même !

CHARLIE. – C'est le moins qu'on puisse dire.

Silence.

CATHERINE. – Vous voulez grignoter quelque chose ? Il serait bon de reprendre des forces avant l'arrivée de la police.

SYLVIE. – Bonne idée !

CATHERINE. – Il reste du fromage, du gâteau…

CHARLIE. – Et puis, qui sait, c'est peut-être la dernière fois qu'on va manger correctement.

SYLVIE. – Ben pourquoi ?

CHARLIE. – Tu sais, la bouffe, en prison, c'est pas terrible.

JEAN-LOUP. – Ne l'écoute pas. On y va.

Ils sortent.

MAX. – C'est vrai. Catherine a raison. Je ne voulais pas faire du tort à Bernard et Monique. Mais j'ai toujours été incapable de résister à une envie. J'ai voulu voir comment il réagirait. Il avait l'air de bien apprécier les moments qu'on passait ensemble. Il me disait que j'étais super comme parrain. J'étais curieux de savoir s'il aurait aimé m'avoir comme père. *(Un temps.)* D'accord, je n'aurais pas dû, mais c'était trop tentant. *(Coups de sonnette insistants.)* Tiens, voilà ceux que nous attendons tous. Il me tarde de voir à quoi ils ressemblent. Est-ce qu'ils nous ont envoyé des jeunes loups aux dents longues ou des vieux briscards qui ne s'étonnent plus de rien ?… Oh ! et puis moi, je m'en fous ! Après tout, ce n'est pas mon problème. Ce n'est pas moi qui vais me retrouver sur le gril… Eh, c'est bon ! Moi, je suis mort, c'est déjà pas mal, non ?

Il s'approche du paravent.
Les répliques suivantes sont dites en voix off derrière le paravent.

CATHERINE. – Le voici, monsieur l'inspecteur.

LE POLICIER. – Quand le médecin a-t-il constaté le décès ?

CATHERINE. – Il y a un peu plus d'une heure.

LE POLICIER. – Plus d'une heure ! Pourquoi ne nous avez-vous pas prévenus tout de suite ?

CATHERINE. – C'est un malentendu. J'avais cru comprendre que mon amie Dominique allait le faire pendant que je raccompagnais le docteur. En fait, je n'avais pas bien saisi.

DOMINIQUE. – C'est en ne vous voyant pas arriver que nous avons compris notre erreur.

LE POLICIER. – J'espère au moins que vous n'avez touché à rien.

CATHERINE. – Non, bien sûr.

LE POLICIER. – Bon, je vais vous demander vos identités et prendre vos premières dépositions. Dans quelle pièce puis-je m'installer ?

CATHERINE. – Dans le bureau. C'est par ici, si vous voulez bien me suivre…

Silence pendant lequel Max revient en devant de scène.

MAX. – Et voilà, c'est parti… et pour un bon moment à mon avis. Il semblerait qu'après leur avoir bien pourri l'existence de mon vivant, du moins c'est ce qu'ils me reprochent, je continue après ma mort… En tout cas, il y en a un parmi eux qui l'aura bien cherché : c'est celui qui m'a fait passer de vie à trépas. Celui-là s'est offert un petit plaisir en me supprimant, eh bien maintenant, il va lui falloir payer la note… Celui ou celle, évidemment. *(Il retourne s'asseoir. Entrée de Catherine, un verre d'eau à la main. Elle s'assoit et boit. À Catherine.)* Tu as vraiment une sale tête, tu sais. Sans mauvais jeu de mots, je crois que le terme de mine cadavérique te convient parfaitement. C'est moi le mort et je suis sûr que j'ai l'air plus gaillard que toi… *(Au public.)* Ça va me faire drôle de ne plus vivre avec elle… Je suis bête ! Le plus perturbant ce sera de ne plus vivre du tout… Non, mais sérieusement, sa présence va me manquer. Je sais que je l'ai beaucoup trompée, mais tout de même, je l'aimais… Pourvu que ce ne soit pas elle…

Entrée de Dominique.

CATHERINE. – C'est à qui le tour ?

DOMINIQUE. – Ils interrogent Karine et Charlie.

CATHERINE. – Qu'est-ce qu'ils demandent ?

DOMINIQUE. – Pour l'instant, seulement nos noms et adresses, ainsi que nos liens avec la victime. Et aussi si nous avons remarqué quelque chose d'anormal. J'ai l'impression qu'on ne fait que planter le décor avant le véritable début de l'enquête.

Temps.

CATHERINE. – Je me sens épuisée… complètement vide.

DOMINIQUE. – Moi, je suis abrutie. *(Temps.)* Que vont-ils faire de nous ? Ils vont nous embarquer pour nous interroger, mais après… Tu crois qu'ils vont nous relâcher ou nous garder ? Pour eux, nous sommes tous suspects.

CATHERINE. – Je n'en sais rien. Et puis je m'en fous. Tu vois, la seule chose que je voudrais, là, c'est dormir. Et pourtant, avec tout ce qui vient de se passer, je sais que cette nuit, je serai incapable de trouver le sommeil.

DOMINIQUE. – Moi aussi. Heureusement qu'on a inventé les somnifères.

CATHERINE. – Oh oui! D'ailleurs, tu pourrais me dépanner? Je viens de voir que ma boîte est vide.

DOMINIQUE. – Bien sûr. Je passerai par chez moi avant d'aller au poste. *(Temps.)* Tu as une idée de la raison pour laquelle ils te gardent pour la fin?

CATHERINE. – Je suppose que dans ce genre de crime, le conjoint est le principal suspect.

DOMINIQUE. – Oui, peut-être. *(Temps.)* Ils doivent croire qu'on ne les a pas appelés plus tôt pour se mettre d'accord sur nos déclarations.

Entrée de Karine et Charlie.

CHARLIE. – Dans ce cas, il faudra penser à leur dire qu'ils sont à côté de la plaque.

KARINE – D'ailleurs, si tu leur dis tel quel, ça va sûrement leur faire plaisir.

CHARLIE. – C'est vrai que c'est susceptible, ces petites bêtes.

KARINE. – Oui, eh bien, les petites bêtes en question, on va les avoir sur le dos pendant un bon moment à mon avis. Ils vont peut-être même finir par nous faire regretter la mort de Max.

DOMINIQUE. – Tu crois que c'est le moment de faire de l'humour noir?

KARINE. – Ne sois pas hypocrite, tu veux ? Après tout ce qu'on vient d'apprendre, ne me dis pas que tu vas porter le deuil !

DOMINIQUE. – Tu pourrais faire preuve d'un minimum de décence.

KARINE. – Moi je considère que c'est une qualité de dire ce qu'on pense.

CHARLIE. – Sans doute, mais y a la manière.

Entrée de Monique et Bernard.

KARINE. – Tiens, demande à Bernard. Si c'est lui l'assassin, je suis sûre qu'il n'a aucun remords. Et si ce n'est pas lui, il doit penser : « Bon débarras ! » *(À Bernard.)* Ce n'est pas vrai ?

BERNARD. – Je ne sais pas. Je le détestais, mais je ne suis pas un violent ; ni en acte, ni en pensée. Et si je l'ai menacé tout à l'heure, c'était sous le coup de la colère.

KARINE. – Vous êtes tous des paillassons. Vous trouvez normal qu'on vous piétine.

MONIQUE. – Arrête, Karine. Ce n'est pas le moment.

CHARLIE. – C'est vrai. Si tu tiens vraiment à te réjouir, eh bien réjouis-toi en silence.

KARINE. – C'est bon, je me tais. De toute façon, vous êtes tous d'indécrottables faux culs.

CATHERINE, *criant*. – D'accord, on est des faux culs ! Mais toi, pour rester dans la même zone du corps humain, tu es une purge !

Entrée de Jean-Loup et Sylvie.

JEAN-LOUP. – Eh bien, je vois qu'il y a de l'ambiance ici ! Catherine, ça tombe bien que tu sois en verve, ces messieurs t'attendent. Modère tout de même tes ardeurs, ils sont capables de te filer une amende pour insultes.

Catherine sort.

SYLVIE. – Dire que j'adore les polars à la télé !… Là, ça n'a rien à voir. C'est d'un pénible ! Et en plus, on a une impression de déjà-vu… C'est à cause de toi, Monique… avec ton idée géniale de mener l'enquête nous-mêmes.

MONIQUE. – C'est ma faute si Dominique n'a pas appelé les flics tout de suite ?

DOMINIQUE. – Et c'est reparti ! Là, ça devient rengaine.

MONIQUE. – Ça nous aura au moins fait une répétition. *(Temps.)* Non, mais vous avez vu ? Je ne pensais même pas que ça existait de telles caricatures de flics… Par contre, je ne suis pas certaine qu'ils soient aussi efficaces que dans les films.

SYLVIE. – Si nous, on n'a pas trouvé le coupable, pourquoi ils le trouveraient, eux ?

JEAN-LOUP. – Parce que, eux, ils ont les moyens de nous faire parler.

SYLVIE. – Alors c'est vrai qu'ils vont nous torturer ?

KARINE. – Ne sois pas bête !

CHARLIE. – Pas physiquement. Du moins, j'espère. Non, je crois qu'ils ont les gens à la fatigue. Quand tu en as marre de répondre toujours aux mêmes questions, sans dormir ou presque, tu finis par avouer.

Sylvie. – Si vraiment c'est comme ça, il doit y avoir des gens qui avouent juste pour que ça s'arrête, alors qu'ils n'ont rien fait.

Karine. – Eh oui ! Dommage pour toi. Tu vas finir tes jours en prison.

Jean-Loup. – Remballe ton cynisme, tu veux ? D'ailleurs, c'est peut-être toi qui vas avouer.

Karine. – Ça ne risque pas. De toute façon, je n'ai rien à avouer.

Jean-Loup. – C'est toi qui le dis. Après tout, tu t'es retrouvée seule avec lui quand vous êtes descendus à la cave. C'est peut-être là que tu l'as empoisonné.

Karine. – Dans la cave ? Tu dis vraiment n'importe quoi. J'aimerais bien savoir comment j'aurais pu m'y prendre.

Jean-Loup. – Je ne sais pas, mais je te crois assez diabolique pour avoir trouvé un moyen.

Karine. – Un peu facile, non ? Et pas très scientifique comme argument… Tu veux savoir ce que nous avons fait à la cave ? Ce que nous faisions chaque fois que nous étions seuls. *(En criant presque.)* On s'est roulé une pelle !… Ça l'excitait de savoir qu'on pouvait nous surprendre…

Max, *la coupant*. – Dis donc, toi aussi ça t'excitait. Le plus souvent c'était toi qui me sautais dessus.

Karine. – … alors chaque fois qu'il en avait l'occasion, il m'embrassait et même plus, si on avait le temps. Tu es content ?

Jean-Loup. – Et qui nous dit que ce n'était pas le dernier baiser avant l'exécution, un peu comme la dernière cigarette du condamné ?

KARINE. – Finalement, je me demande si tu as de bonnes lectures. Tu lis de la littérature ou des mangas ?… Que ça te plaise ou non, je n'ai pas tué Max. Alors, tu vois, j'ai la conscience on ne peut plus tranquille… Quant aux flics, ils ne me font vraiment pas peur.

JEAN-LOUP. – C'est vrai, j'oubliais. Tu en as plus que nous trois dans le pantalon. C'est ce que tu disais tout à l'heure. Eh bien, ça va être l'occasion de le montrer. Ils nous ont dit qu'il fallait qu'on se prépare à les suivre au poste. Là-bas, tu auras tout le loisir de jouer les héroïnes.

Ils se lèvent tous.

BERNARD. – Vous rendez-vous compte que, même si nous revenons dans cette maison, ce ne sera plus jamais pareil ?

CHARLIE. – C'est vrai. Essayons d'en garder surtout les bons souvenirs. Il y en a eu pas mal, malgré tout.

JEAN-LOUP. – Tu as raison… Allez, on y va ? Ils vont bientôt avoir fini d'interroger Catherine.

CHARLIE. – On y va !… Où exactement et pour combien de temps, on ne sait pas… mais on y va !

Ils sortent.

MAX, *au public*. – Eh bien, voilà. Ils sont tous partis. Il n'y a plus que vous et moi… L'enquête officielle va commencer, mais pour nous, c'est l'heure du dénouement. Aussi, avant qu'on ne se quitte, j'aimerais que nous confrontions nos points de vue… Moi, je pense que j'ai trouvé. Est-ce le cas pour vous ?… Allez, je suis bien sûr que certains parmi vous ont une petite idée… Il est clair qu'ils auraient tous pu le faire, mais tous ne l'ont pas fait. Alors, je vous écoute. Qui a résolu l'énigme ? *(Si personne ne répond dans le public, Max s'adresse à certains spectateurs en disant des phrases du genre :)* Par exemple vous, madame, quelle solution proposez-vous ?… Et vous, monsieur ?… Qui n'est pas d'accord ?… Qui propose autre chose ? *(L'idéal serait que le public se prenne au jeu et argumente. Dans ce cas, Max jouerait les animateurs et organiserait le débat. Quand le dernier spectateur a parlé, sa réaction changera selon les cas. Si personne n'a proposé de solution :)* Eh bien, voici ma solution. *(Si quelqu'un a trouvé :)* Bravo ! Vous avez trouvé. *(Si personne n'a proposé la bonne solution :)* C'est vrai que tout ce que vous avez suggéré, je l'avais envisagé aussi. *(Puis, dans tous les cas, il ajoute :)* Je dois bien l'admettre, quoique ça me coûte, je leur avais donné à tous des mobiles pour m'éliminer. Catherine aurait eu toutes les raisons de me faire payer mes infidélités. Quant aux autres, ils étaient tous en droit de me reprocher mon comportement à leur égard et chacun d'eux aurait pu passer à l'acte. Et pourtant, ils ne l'ont pas fait. Aucun d'eux ne m'a tué. Je me suis assassiné tout seul, comme un grand… Vous vous souvenez de la scène entre Charlie, Jean-Loup et moi pendant que les femmes et Bernard étaient partis marcher ? Il y a eu une coupure de courant juste au moment où je cherchais mes granules pour digérer. C'est quand j'ai entendu Catherine dire qu'il n'y avait plus de somnifères que j'ai compris… J'avais trop bu et je n'étais plus très lucide. Dans le noir, avec juste mon briquet qui passait son temps à s'éteindre, je me suis trompé. La moitié d'une boîte, avec tout l'alcool que j'avais ingurgité, je n'avais aucune chance de m'en remettre. Ça explique aussi pourquoi je me suis endormi si anormalement. *(Temps.)* Et voilà !… Vous êtes déçus ? Vous espériez une explication plus croustillante. Moi, je suis plutôt content de les savoir tous innocents. Mais tout de même, je n'aurais jamais imaginé une mort aussi bête. *(Temps.)* Après tout, j'ai eu ce que je méritais. Pendant toute ma vie, je me suis cru le centre du monde, le plus intelligent, et j'ai refusé de reconnaître que les autres avaient autant de valeur que moi, si ce n'est plus. Eh bien, la mort s'est chargée de me remettre à ma place… Tout est bien qui finit bien. C'est ce qu'on dit, non? *(Temps.)* Vous savez ce que je regrette le plus?… C'est qu'on se soit connus si peu vous et moi, et surtout que vous ne m'ayez pas vu sous mon meilleur jour. Oui, ça c'est le moins qu'on puisse dire. Vous devez tous me prendre pour le roi des salauds… Et pourtant, si vous m'aviez connu dans d'autres circonstances, peut-être auriez-vous pu m'aimer un peu… qui sait… oui… un petit peu…

Il sort.

FIN

AVIS IMPORTANT

Cette pièce de théâtre fait partie du répertoire de la Société des Auteurs et Compositeurs Dramatiques, 11 bis rue Ballu 75442 **PARIS** Cedex 09. Tél. : 01 40 23 44 44. Elle ne peut donc être jouée sans l'autorisation de cette société.

Nous conseillons d'en faire la demande avant de commencer les répétitions.

4e trimestre 2013
1re édition, dépôt légal : novembre 2013
N° d'édition : 201412
ISBN : 978-2-84422-932-8